imaginist

想象另一种可能

理
想
国

imaginist

江青的往事 往时 往思

江青——著

广西师范大学出版社
·桂林·

（李小镜摄影）

1944 年，江青父母（江再兴、巫惠淑）结婚照。

1949 年父亲离开上海前的最后一张全家福照片。

1956 年，江青（站者右二）入北京舞校习舞。前立者陈丽汶，蹲者徐曼禄，坐者梁志明。

1957 年初冬，妈妈带着弟弟江秀（右一）、江山到北京看在北京舞蹈学校学习的江青。

1964 年 6 月 18 日，江青（右起第三人）在台北阳明山参加蒋介石、宋美龄伉俪为招待第十一届亚洲影展人员所举办的茶会。（“中央社”提供）

“国联五凤”与“台湾省主席”黄杰。左起：李登惠、钮方雨、汪玲、黄杰、江青、甄珍。

1963 年，江青主演的第一部影片《七仙女》剧照。

1964 年，《状元及第》剧照，江青（左）与钮方雨。

1965 年，江青领衔主演的电影《西施》剧照。左起：刘宁、江青、毛冰如和李登惠。
（台湾电影资料馆提供）

1967 年，江青以《几度夕阳红》一片获台湾电影金马奖最佳女主角。图为江青（饰李梦竹）与杨群（饰何慕天）在该片中扮演不同时期的两个镜头。

1979 年，江青（坐地者）陪同访美舞蹈教育考察代表团在纽约 Clark Center for Performing Arts 观看舞蹈训练。后排左起：贾作光、陈锦清、孙学敬、孙正廷、黄伯虹。

1980 年，江青、比雷尔和同班同学在北京天坛合影。

1974 年，江青的第一支现代舞作品《阳关》。（柯锡杰摄影）

1975 年，江青（左）在舞作《……之间》中。（柯锡杰摄影）

1977 年，江青（白衣者）在舞作《深》中。（柯锡杰摄影）

1982年，舞作《……由始》（朱铭雕塑，柯锡杰摄影）

1986年，江青在舞作《变》中。（王方宇书法，艾未未制作，柯锡杰摄影）

1985 年，舞作《历程》。（柯锡杰摄影）

目录

我的朋友、老师和恩人

江青是我的朋友、老师和恩人。我想可以讲这个话的人可能很多，因为她有一颗豆腐心，也真的帮过不少人，我就是其中的一个。

八十年代初，我在北京中央音乐学院读书。那时，北京真的很好玩，没现在这么秃，也就是说还没拆得那么光吧，迷人的胡同里隐藏着中央音乐学院、中央戏剧学院、北京电影学院和北京舞蹈学院。这些院校的学生也常常串门子，因为总觉得别校的女生更美，男生更帅。所以周末我们学生之间找着不同的理由跨校搞沙龙、讲座、舞会，和“跨界”创作。我就因为这个，常常去北京舞蹈学院“玩”。

有一天舞蹈学院的老师说，他们学院来了一个美国专家，叫江青——“啊”，我差点没叫出来，“怎么跟那个江青一模一样！”哦——说是她想找一个作曲的，最好是没听过的那种作曲家，于是就想到了我这个怪人。我也怀着怪怪的心情和这个神秘的江青见面了。初次见面，就觉得她很“鲜”，和北京当时的艺术家比，有一点不一样，“洋洋”的，美丽，真实又豆腐——也就是说她美貌的背后隐藏着巨大的创作胆量，生活中又具有人情味，而且还长着一颗豆腐心，善良。我和她一见如故，很投缘，我是第一次接触华裔“现代派”，她也是第一次回国接触“文革”后的“新一代”。

我们那时的学生喜欢寻根，动不动就在想“黄河到底有多少道湾”。可自从见到江青以后，就从她那里开始听到“现代舞”、“新浪潮电影”、“波普艺术”、“前卫音乐”和迷人的纽约“上城下城”世界现代艺术的中心。她成了我当时的“现代艺术”启蒙老师，教了我很多，更点燃了我心中出国学习的“火焰苗”。后来，我为她的现代舞作了几回曲，合作很默契，结果也很感动。再后来我们就成了朋友，她每次回国都会来音乐学院的学生宿舍看我，也为我介绍了新的朋友和一批令人敬爱的华人艺术前辈，如周文中、蔡文颖、李翰祥、贝聿铭、李明觉、许以祺、韩湘宁等。最终在她和周文中教授的指引下，我考上了哥伦比亚大学的博士研究生，登上了去纽约的飞机。

时间过得真快，一闪二十多年过去了，我刚刚在上海一口气读完江青的书稿《江青的往事往时往思》，我真的很感动，觉得她像一个命运的巫师，把我们又重新定位在梦里了，在她的梦里，也在我们各自的梦里。人生如梦，谁没有往时、往事和往思呢？江青的书，就像邀我们一起品尝一杯温润的红酒，层层有韵，韵韵有惊；也像邀我们一起品尝一壶淡淡的绿茶，苦苦有甘，甘甘有醇。好书！

谭盾

2013 年 3 月 21 日于巴黎

舞蹈艺术家江青

时光飞逝，我和江青女士熟识已有半个多世纪。她青年时代毕业于北京舞蹈学院，接受过前苏联舞蹈专家古雪夫的指导。毕业后，于20世纪70年代初出国求学，继续从舞。她在多年孜孜不倦地学习中，获得了显著成绩，并积极传播中国文化，培养了大批中外学员。她不仅登台表演，而且编创舞蹈、舞剧、歌剧、话剧和出演电影。至今已排演了舞蹈《传统与变调》、《阳关》、《……之间》，舞剧《负 · 复 · 缚》、《成语舞集》、《冥城》，以及出演电影《七仙女》、《几度夕阳红》、《西施》等。

江青的艺术表现力很强，舞乐一体，很有肢体语言的即兴发挥能力，做到了情动于中而形于外。她是全能型艺术人才，敢想敢干、成果显著，是一位极富才华的舞蹈艺术家。在实践中，她把芭蕾舞和现代舞有机地加以融合，编创出具有时代精神的舞蹈作品。在教学中，她勤奋不懈、激情满怀、情舞交融且深入浅出，可谓硕果累累。

江青的性格直爽、热情，勤奋好学，钻研角色，并且对新鲜事物的领会力强，能汲取中外艺术精品的经验为我所用，在借鉴他人的成功经验上，并不搬套，而是消化、创造。在舞台上，她最擅长把握不同性格的人物，最终走出了一条自己独有的艺术风格之路。

粗略拜读了部分未出版的书稿，被她执著追求艺术的精神所打动，感受到一个舞蹈家的成功来自于勤奋好学、不惧艰苦、勇于创新及宽阔胸怀。该书内容丰富、真实感人、史料详尽，她把多年的艺术积累、传奇人生，著书立说。相信此书的出版定会是中国舞蹈史的重要组成部分，并能给后人以学习、借鉴、启示，使读者深深领会到舞蹈艺术发展中的唯美内涵和一名舞蹈艺术家艰辛的成长历程。江青现已鹤发童颜，她把青春年华无私地奉献给了她所热爱的舞蹈事业，不愧是一位德才兼备的舞蹈艺术家，令人钦佩！

作为她的好友，我衷心地祝福她艺术青春永驻，祝贺本书隆重出版。特此题诗一首，表我祝福！——《赞舞蹈艺术家江青》："江青酷爱舞，快乐舞幸福。留学去深造，情系祖国土。舞品梅竹兰，苦练不怕难。飞舞天涯路，编创舞绵延。"

2013 年 2 月春节前夕，江青从美国归来，在北京短暂相会。她青春依旧，保养有方。她的创作成果让人敬佩。即此，热烈祝贺《江青的往事往时往思》一书正式出版！

贾作光

2013 年春节于香港

贾作光：中国文联荣誉委员、中国舞蹈家协会名誉主席、中国国际标准舞总会会长，中华艺文奖终身成就奖、中国舞蹈艺术终身成就奖获得者。

給姆媽

序 幕

搞舞蹈的人“舞文”，还是习惯于用剧场的术语，正剧开始前称“序幕”。

两年前的夏末秋初，我想写点什么，大概搞抽象的舞蹈创作太久了，在平实地记下自己过去的实际经验的过程中，似乎听到了脚踏实地的声响。

脚步声使自己兴奋，就冲动地一路往下走了。

这些文字大部分在瑞典海边的木屋中写的，一边写一边越发感到人与大自然一样：自有内在的平衡。这里的夏季，白昼侵占了大部分的夜晚；而冬季来临时，白昼又毫无条件地将多半的自己让给了黑夜。正如我在“舞文”时竟自然感到：自己在长期舞蹈后，内心产生的一种对平衡的需求。

除了舞蹈创作笔记之外，我向无记日记和存留资料、相片的习惯。不料下笔时才发现：笔尖能记事的现象就像身体能记住舞蹈动作一样。自己曾熟习的舞蹈片段，多年之后光想不动时，以为一个动作也记不起了，不料随着音乐试着舞动时，大部分的段落居然能自然而然地重现，虽然零星失散的成分也存有，但大轮廓还是不失的。正如笔下也会忘记一些事，有些事也许本来就该忘记，但至少笔下仍会记起那些该记得的和值得记得的事。当然有些人和事我是记得的，也值得用笔记下，但太“近”了或者正在进行中，至少到目前为止无论在时间上或情感上都不包括在“往”字内。

写这些回忆性的文字，使我比较清楚地认识到自己成长的轨迹，不仅是在艺术创作上，尤其更重要的是在对人生的态度上。

尽管我知道有舞文的冲动并不代表有舞文的才能，我还是尝试着，原因是：在我决定着手写下去时，纯粹是抱着一种为己所需的心理和态度，至于最终是否成篇一直都是未知数。现在既然写出来了，我还是愿意将这两年来的琐记交付出版。

自己初次写这类文字，感到毫无把握，越看越觉得“拿不出手”。幸而友好高友工、董桥不嫌弃，在百忙之中看我的初稿。他们的反应和指点，使我这只抓住笔的手继续舞动了下去，这是我极为感念的。

最后，我至诚地对在我写作期间向我伸出温暖的大手、输送给我精力和信心的亲人及朋友们说：“谢谢！”

江青

一九九一年八月十五日　写于瑞典

名字

庄因题写

我的名字叫“江青”，原籍广东普宁，一九四六年出生时，父母给我取的名字是“江独青”，我是腊月里在冰天雪地的北方——北平出世，是不是我的父母想在天寒地冻之中加一点春意，而用了青字？再加一点私心，而用了独字？从双名改成单名是有原因的。

五十年代初期，各项政治运动层出不穷。政治学习、检查思想，也是每天必行的事，惯了也就像一天三顿那样平常，社会上、学校里一直在宣传，世界共产主义的实现是人类革命的最终目标，要做共产主义社会的公民，每个人必须具备大公无私的革命情操。

班主任反复地在开思想检讨会时教导我们：要去掉“人不为己，天诛地灭”的毒草，不是一朝一夕可以做到的，必须随时随地锄，往深里挖、宽里掘，才能彻底将毒根斩断。并例举中国古代寓言“愚公移山”、“铁杵磨成绣花针”等等，来说明：只要有毅力和恒心，世界上没有做不到的事情。我的小学时代就是在那样的教育气氛下度过，虽然我对那些宣传和名词一知半解，但总是尽量“听话”。

记得那阶段宣传“好人好事”，我给自己规定了每天要做一件“好事”。在每天正常的日常生活中要做出一件“好事”来是颇绞脑汁的事。在我心目中，最钦佩的好人是不计较名利的无名英雄。于是我悄悄地帮助同学补功课；帮助年纪大的人提东西；在路上捡到东西，交给警察时不要他记下名字；或者学校里有活动，就主动地把机会让给别人；有时趁同学没到校之前，偷偷地将每个人的书桌整理干净……这些“好事”给了我很大的满足，做得多了，也觉得比同班同学高了一块。

可是我的名字又让我觉得比别人矮了一截。姓名正中间的那个“独”字：独吞、独享、独自、独霸、独断、独尊、独特、独裁，都是绝对的个人主义，没有大公无私的精神。刚八岁念小学四年级的我，并不知道

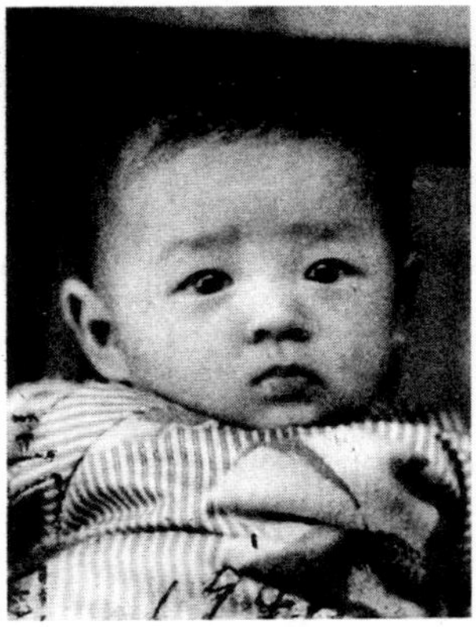

江独青三个月大留影

改了名字就可以改头换面，但在小学当校长的母亲却一马当先，响应“自我改造”，主动提出将“独”字在我的姓名中间去掉。此后我的名字成了单名“青”，刚念小学的大弟弟也从“独秀”成了“秀”，下面两个弟弟从他们生下来，就不敢再让他们“独一无二”了。最终，我们姊弟四人的名字是以“青、秀、山、川”次序排列。

要改姓名，先得向本地区派出所提出申请，批准后修改户口簿。然后才正式向学校报告，把名字从注册本到点名簿上全改过来。还记得派出所专为此事派人来家了解改名的原委。母亲解释去“独”是想去掉自私自利。听后，他们表扬她：“思想改造”工作做得彻底。

让我的同学们一下子改口可不是一件易事，小学的同学大多数是幼稚园时的小朋友，我们那时还不到十岁，却有了五六年的交情。五六年的习惯，当时算来是“大半生”积累下的，哪能说改就改？于是大家干脆叫因我头发卷曲而起的绰号——“小卷毛”，一直到我小学快毕业，同班同学才习惯用我的新名字江青。

姓名中“锄”去一个“独”字，万万没有想到后来会受同名之累而惹是生非，并且受了那么些不白之冤，这些前尘往事，想来令我啼笑皆

1949 年，江独青和弟弟江独秀在上海家中花园里排排坐。

1950 年，妈妈和江独青、江独秀姐弟。

妈妈与已经改名的江青、江秀。

非。我名字的遭遇，就如同生活在这个时代的中国人，政局变化莫测，个人无法摆脱，也没有能力去判断，未来面对的又将是什么形势？

十七岁那年，我开始了电影生涯，因为“青”是单名，易记又易上口，所以没有取艺名。一九六三年，随“香港国联影业公司”赴台湾拍片，当时我持香港身份证，中文姓名江青，英文姓名香港是按照广东话的发音翻译，上写 Ching Kiang。申请入台签证时就有疑问了，因为台湾是按照“国语”发音，应当译成 Ching Chiang，方言之差姓有 K 和 Ch 之别，一经解释就明白了，但被问及：好选不选为什么偏偏要用江青做艺名？这时，我就不得不将来龙去脉解释清楚。直到那时，我才知道原来毛泽东夫人的名字也叫江青。（在北京做学生时只知道她本姓李，当年从影的艺名是“蓝苹”。）

我第一次任主角的影片《七仙女》，由李翰祥执导，一九六三年在台湾打破卖座纪录，我的名字也就开始在报章、杂志、影剧新闻版上热闹起来。但我听说在处理我的新闻时，用我的名字做标题，需要特别小心谨慎。尤其在一九六六、一九六七年间，大陆那个江青（或说毛夫人江青更妥切），来了个舞蹈动作“鹞子大翻身”，当了“四人帮”头头，兴风作浪，大搞“文化大革命”，把大陆搞得天翻地覆。那两年我正好也因为两件事成为台湾家喻户晓的新闻人物——一九六六年，我在主演了国产片有史以来最大的制作《西施》后，在影剧事业巅峰状态下，与当时尚默默无闻的学生歌手刘家昌闪电式结婚的新闻；一九六七年，又因为我主演了由琼瑶畅销小说改编的影片《几度夕阳红》，荣获第五届金马奖最佳女主角。在生活环境当年还闭塞的台湾，这些都是轰动无比的话题。当年台湾报禁还未开放，媒体最禁忌江青这两个字，但基于事实现状，只好将我的名字用特号字在影剧版刊出，还常常用这岸这个江青和对岸那个江青来区分。

所幸那年那个江青早已脱离影剧界，否则误会更会层出不穷。至今仍记得获悉得金马奖的经过就是如此。我被提名角逐是早就知道的，但没留意揭晓的日期。一天晚间到朋友家做客，就在按门铃同时，听到电视新闻节目中在报："江青……"一听到自己的名字，自然会留神一下，但人在门外，门里又闹，所以下文也就听不清楚了。我心中纳闷：几个月前闪电结婚的消息，在晚间新闻中报告过，但最近自己没有"闯祸"，准是对岸的江青同志在"作怪"。结果大门一开，在一片恭贺声中，才知道得了奖。

江青舞蹈团（Chiang Ching Dance Company）是一九七三年在纽约市成立的。一九七八年第一次应邀到香港参加第三届"亚洲艺术节"演出，这是舞团成立五年以来第一次需要印正式的中文节目单。不费太多的事，我很快就将中英文节目单一起寄去香港市政局主办单位。接回信，表示尊重我的决定，所提节目照单全收，但是舞蹈团的名称要我重新考虑，尤其是中文名称非改不可。那些年来我已经为"江青"受了多少不该受的气，一看到回信当然马上明白了，又是那档子"过敏症"在作祟，这次竟变本加厉地提出来要改我千辛万苦建立起来的舞蹈团的名称。回信时我大不以为然地指出：当局所提要求既幼稚又无理。虽经双方三番五次地通信协调，仍不得要领。结果，适逢父亲在香港紧急住院，我匆匆由纽约赶赴香港探望。在与负责艺术节的人面谈后，才了解到：香港的特殊政治及地理环境，使香港有特殊的嗅觉，嗅觉越灵敏，"过敏症"也越严重。尤其在这种具有国际性的艺术活动中，更要倍加谨慎。

一切变则通，我也希望江青舞蹈团能有在香港演出的机会，于是在

1963 年，进了电影界之后，仍以江青作艺名。在香港记者招待会后留影。

“江上数峰青”舞蹈团合影。前排左起：周龙章、Terry Richards、江青。

面谈时就想出了变通办法——取舞团介绍册上所印“江上数峰青”这句纯为设计而采用的诗句来作舞团中文名称。

演出场刊上中文：纽约江上数峰青舞蹈团，纽约两字还加大号字排列；英文：Chiang Ching Dance Company of New York。多复杂啊！这就是与那个江青同名同姓惹出的麻烦。情有可原的是那些年正是她的新闻最热门的时候，先入秦城监狱，后来又突然地让她公开出庭受审，并判了死缓，当然我这个江青也只好尽量回避为妙。

在香港，究竟一般的观众对我的名字还是熟悉的。虽然我已阔别影坛多年，但旧日的影片有时仍会在午夜间的电视上重新播出。一九七八年在香港演出时，很自然地大家仍称“江青舞蹈团”。只是在海报和报纸上的正式广告中，才用又长又累赘的“江上数峰青舞蹈团”这个假名。后来舞团又在香港演出过几次，随着大陆“四人帮”的销声匿迹，名字的敏感症也随着减轻了。也不知哪年哪月，江青原英译 Chiang Ching 在大陆用拼音 Jiang Qing 为正式英译，顿时我被 Jiang Qing 解放。后来香港市政局竟主动地将舞蹈团名称还原，但在舞团全名之前，中、英文必冠以“纽约”两字，以免惑众。

其实“江上数峰青”倒是给我带来过一些温馨的回忆。我一直没有问过我父母，当时他们在给我起名字时，是否曾忆起过这首中唐八世纪诗人钱起《湘灵鼓瑟》的尾联：

> 曲终人不见，
> 江上数峰青。

我想大概有吧，否则怎么就这么巧呢？

六十年代，我在电影界时，收到过不少影迷的“情”书，其中引用过这一“尾联”对我赞扬、推崇的不为少数。大概引用诗句总让人感到“雅”而有情趣。那都是素不相识的银幕上的朋友，我自然不记得信的内容。但我往日旧友兴致所至，或触景生情时写的，我倒有这两首留下了：

第一首
年份：一九七八年
地点：香港铜锣湾避风塘艇上
作者：李翰祥

自在菩萨自在仙，
半似疯狂半似癫。
八大何需当头棒，
哭之笑之不语禅。
梁楷泼墨画神仙，
半个拾得半寒山。
江上数峰青和蓝，
曲终人隔万重山。

这是相隔八年之后，和作者在香港见面，一起会餐的都是影剧圈老朋友，由梁乐华（艺名岳华）执笔记录。

第二首
年份：一九八九年

地点：台北市李敖家中厨房餐桌上

作者：李敖

且作神仙舞，
愿为流俗轻。
曲终人不见，
江上一峰青。

和作者一起细算下有二十一年没见了，他送了我一本新近由文星出版的《李敖自传与回忆》，并在书上题此诗作纪念。

一九七六年那位江青随着毛泽东的去世也被打下了地狱——做了阶下囚，举国上下欣喜若狂，我也庆幸自己可以回家看看的日子终于盼到了。那时候家中三老——外公、外婆、姨婆（外婆的姐姐）都还健在。人往往就这样：在知道事情不可能发生时，就采取了一种放弃或不存在的态度；但一旦知道事情有可能发生时，一切的梦想、悬念、欲望就一股脑儿地像浪般扑来。我是那样渴望见我的亲人，想回母校看看，那毕竟是真正的家，生的、住的、长的……

一次又一次提出回中国探亲的申请，都如石沉大海，后来我找上了有关人员，私下探听一下究竟，才知道又是被"江青"加害。我感到束手无策，但是因为一切全是人为的"过敏症"在作怪，所以也无从对症下药。我偏偏不信邪，一次又一次地寻找可能的途径来得到回"家"的许可。不料"江青"就偏偏牢牢地顶住家门，十几个月下来，仍然不疲塌松懈，任我怎么顶也顶它不开。

一九七八年初，中国科学院邀请比雷尔（Birger）访问讲学，那时

1978 年 8 月 4 日这一天我又多了一个姓：Blombäck。（柯锡杰摄影）

我们已经相识了近三年，他也知道中国的清规戒律，不是合法夫妻不能作为家属与被邀请人同行。多煞风景的一件事，去中国而不和我结伴同行，少一个现成的翻译和好向导不说，重要的是：我是那么急切地盼望着回“家”。

我们俩都已不再年轻，结婚与否与彼此的关系毫不相关，也从来没有讨论过这个问题，当时我和他都没时间去张罗这件费时又费事的手续上的事，但此时基于现实所需，左思右量下来，决定尽快地把结婚手续办了。

谁也没对谁下跪，谁也没对谁求婚，谁也没对谁发誓，一切就这样顺理成章的，趁他夏天在巴黎开会、我在巴黎度假之便，两人飞到了葡萄牙首都里斯本（我们查询到依据瑞典法律，可接受结婚登记的最近地点），在瑞典驻葡萄牙的大使馆办了结婚登记。里斯本的海水和天空，竟是那样深沉的蓝绿蓝绿的，就和那天他的眼睛一样。从那天起，我多了一个姓，Blombäck，要我换掉本姓可不行，一名二姓就如狡兔三窟一样，可以灵活运用。

这样我以随行家属身份，又填了一份申请去中国的签证表格，英文

1978年，比雷尔、江青在上海生化研究所前留影。江青以“彭贝克夫人”的身份才得以第一次回到中国大陆。

姓名填 Mrs. Ching Blombäck，中文姓名一栏中我填上了青 · 彭贝克。虽属荒唐，可灵验得很，果然在我们的神算之中——我的旅行证件上第一次盖上了中华人民共和国入出境签证的印戳。

结婚的那年秋天，我们一起去了中国，在上海见到了“文革”肆虐后幸存下来的所有亲友。

这段和我名字有关的小插曲，就是那次回上海，三姨亲口告诉我的：

“文革”一开始她就被揪斗，每隔一段时间，就会列出一项新的罪名。罪名包罗万象，其中的一项就是替外甥女——江独青改名字，故意将独字去掉而变成和伟大领袖毛主席最亲密的战友、同志、爱人——江青同名，骂她：“胆大包天，没有自知之明，你外甥女是叛国投敌的国家叛徒，有哪一点配用江青这个名字？你居心何在？”毒打拷问之外，还荒谬地指出：你既然姓“巫”，自然地便会“诬蔑”、“诬陷”、“污害”共产党英明伟大的领袖，并且用十分阴险毒辣的手段，先从玷污毛主席的爱人江青同志着手。于是竭尽所能地“污”三姨一番，污垢的痰盂由头顶上倒扣下来，满脸满身的鼻涕、唾沫、浓痰，污秽的扫帚、畚箕在她头上敲打……真是竭尽污辱之能事。为了我那千不该万不该改的名字。

三姨忍辱含垢地花了好几天的时间写“坦白检查”，述明当年去“独”的原委，并强调去“独”是和我母亲当年决心自我改造从“灭私”开始。结果三姨被认定：不肯低头认罪，替反动家属涂脂抹粉。于是逃脱不了“乘飞机”的惩罚——人俯站着，双手反背作“机翼”，弯腰九十度当“机头”。

那次三姨所受到的肉体上的折磨以及人格上的污辱，都是为名字“江青”而受的，在听时作为江青的我难道能不感到歉疚吗？但这究竟又是谁造成的呢？

这次毕生难忘的旅行结束之后没有多久，我在纽约收到了中国寄来的舞蹈杂志，看到上面的舞讯栏上刊登着这样一则消息：“美籍华裔舞蹈家彭贝克夫人访华……”谁是彭贝克夫人？大概只有天知道和我知道了！

经我联络安排下，北京舞蹈学院陈锦清院长于一九七九年夏季，率领了第一个“中国舞蹈考察代表团”八人，到美国访问观摩。她告诉我：“为了你这个江青，那个江青给我吃了多少苦啊！”她本人在“文革”时被打成“走资派”，罪状之一是她在当北京舞校校长时，怎么居然会培养出这么一个叛国潜逃的江青来？也不知道是谁在六十年代中，把我满天飞的明星照片、月历牌、电影画报，在学校里张贴散布，把正统学院派的堂堂舞蹈学校，弄得乌烟瘴气，使学校中无人不晓我不但逃去了香港，还潜去了“反动大本营”——台湾。只要任何的运动来了，学校中无论大会批斗、小会检讨，我这个江青永远是首当其冲被点名的对象。所以虽然我人早就离校了，但仍然可谓阴魂不散，比我低上十几届的学生都知道我的臭名。我真庆幸那时我不在，否则，我的命早就被那个江青索去了，因为我不但不跳她一手抓的革命“样板”舞，还干起她的老本行——电影。

一九七九年下半年，中国舞蹈家协会和北京舞蹈学院邀请我在次年春季回国作巡回演出。

一要公开演出，名字就又成了件伤透脑筋的事。那几年，在中国及海外发生的一系列因同名而引起的误会，我所尝到的滋味、遭受的白眼，在身历其境中，使我清楚地了解到江青在中国令人深恶痛绝的程度，似乎到了将她千刀万剐还不能解恨的地步。“江青”不再是一个名字，而是一个代号，这两个字似乎就直接代表了暴戾、恐怖、霸道、卑鄙、丧尽天良……这些印象的总组合。所有的人都忌讳这两个字，就像忌讳瘟神一样。我回中国作示范演出，纯然是一种发自内心的责任感所使，我究竟在北京舞蹈学校习舞六年，假如我能以对中国舞蹈背景的熟识，又能以中国舞蹈者所熟悉的术语和习惯来介绍西方的现代舞，探讨自身创作中国现代舞的经验，我感到应当是责无旁贷的。这种使命感使我也必须避讳，不要人们在看演出和学习交流的同时，勾起他们心窝深处一段段述说不尽的隐痛。

为了改名字的事势在必行，动身几个月之前，陈锦清院长在信中给了我许多选择，大多是同音或者近音的字，改名不改姓的可选“清”、“菁”、“晴”、“情”、“静”，改姓不改名的可选“蒋”、“姜”。姓是世世代代传下来的，要改姓似有不孝之嫌，使不得。于是干脆请陈院长做主帮我改名，对我来说，反正是在假的中间选一个，用任何名都一样假，自己也就不必多此一举了。

等我到了北京，看到演出节目单，才知道陈院长送了顶草帽给我戴——“青”字上面加个草字头，成了戴草帽的“菁”。“菁”的念音是“精”，我笑说：“只要没有人骂我是狐狸精就可以了。”节目单中第一页第一行印着：纽约“江菁舞蹈团”团长江菁和……

1980 年，与送我一顶“草帽”戴的陈锦清院长在长城。（陈伦摄影）

而一九八〇年五月份中国新闻的报道标题：“江菁和现代舞”中居然写：江菁原名江青，恰与“四人帮”江青一笔不差，故她毅然改名江菁。看后真是让我啼笑皆非！

华莹是我北京舞校同班同学，在《舞蹈》杂志编辑部摄影采访组工作。他特来约我拍舞蹈剧照，作下期《舞蹈》彩色封面用。并告诉我，这是社中同仁提议决定的。一来我是舞校早期出去，第一个又回国工作的舞者，同时也是第一人在中国正式作现代舞晚会演出。对这个消息我喜出望外，我拍照从来没有这样耐心过。等我巡回演出结束，要离开中国时，华莹突然到旅馆来找我，说：“你的封面，硬就是给拉下来了，访问你的报道也刷掉了，你的名字害得这期杂志都不能准时出版。”追问之下，他告诉了我原委：“杂志封面和内里的访问介绍已在排印中。陈锦清院长突然驾临，要亲眼看到有关你的所有图片和文字从杂志上撤下来。她一再坚持表示，因为你的历史背景和名字都太复杂，风险太大，她无法承担犯政治错误。”

我不免有些失望，但对陈院长“一朝遭蛇咬，十年怕井绳”的心态，也深能谅解。

在中国不成文的规矩，对老一辈的，小一辈的总要尊重、谦让。我虽然在外面生活了这么多年，“规矩”变成了习惯不容易改，况且又不是原则性问题，于是我向华莹说：“你的一番老同学的心意我心领了，不必生这么大的气，谁要她是我们的老前辈老校长呢？怪来怪去只能怪我的名字——江青，用不逢时。”

结果，那期的《舞蹈》不但误了期，还“失了彩”，因为临时撤换，为赶时间，所以只能够破例地用了黑白图像作封面。连我戴上遮羞的草帽屈作江菁，还是难逃厄运。

对“江青”的敏感，不但使我在大陆、台湾、香港身受其苦，备受折磨，就是这些年来，在国外也遇到过许多莫名其妙的尴尬事。其中以这次印象最深。

一九七七年秋天，江青舞蹈团第一次到欧洲巡回演出，巴黎是第二站，应邀参加“第十五届国际艺术节”。演出安排在香榭丽舍剧场，演出期为一周。

艺术节中，由世界各地来表演的团队不少，那年从美国去的共有三个团，我的团算其中之一，公演海报到处张贴，艺术本无国籍之分，但人还是有区分的。由于我入了美籍，舞团设立在纽约，所以在海报上自然而然地就列在美国名下，在国际性艺术活动中，各个演出团体的本国大使馆，不是派人帮忙做联络工作、招待游览，就是演出后送鲜花、设酒会等等，我看在眼里也不可能是无动于衷地完全没有感触。这么多年下来，我南游北闯地与舞团、旅行箱为伍也都习惯了。有时自得其乐，演出前后忙中偷闲，到当地名胜参观一下，或者找个好饭馆尝尝当地的风味。试想，哪一个生活在外国的中国人不是因为永远的“家居不安”而导致无托无依，想不开，行吗？

被撤下的《舞蹈》杂志封面照——《阳关》。(华莹摄影)

艺术节负责人罗宾先生（Jean Robin）告诉我："我们预备了一些票，你可以请自己使馆的人来看。"我没吭气，因为我不清楚他指的是美国大使馆呢？还是中国大使馆？但又难以启齿问。大概他觉察到我的犹豫，就说："你到后面跑一趟，几分钟就可以把事情办好。"因为剧场后门几乎就正对着中国大使馆，我这才明白了他的"自己"所指，但一想到我的名字，就又踌躇起来了，想了想认为还是先拨个电话到使馆较为妥当。

电话很容易就接通了，我表示要找文化参赞，对方判断出我是生人，就反问："你是谁啊？"姓名我不敢和盘托出，只答："我姓江，长江的江。""那么名呢？"我还是不敢把姓名连在一起同时告诉他，只说："青，是个单名。""什么？你再说一遍。"惊奇的语调。"江青。"我听到自己轻轻地嘟哝了一声。"江青？"他提高嗓音问。"是啊！"我答了之后，那头马上没声了。静了几秒钟后，话筒里又响起他的声音，但一下子口气变得僵硬起来："你从哪里打来的？""外面。"我的确在剧场外面打的，但一说出口之后，我立刻想：不好了。大概他以为我是刚从秦城监狱里跑出来了。因为就在几个月前，有一次我的好朋友陈幼石、王浩夫妇，在纽约请中国驻联合国代表团人员吃饭。那个时候，"四人帮"刚下台不久，我从欧洲回纽约，打电话去她家聊天，是陈幼石接的，挂下我的电话，她就对王浩说："是江青回来了。"此话一出，她发现在座的客人脸色全变了，大家突然停了筷子也中止了谈话，面面相觑，尤其是一位资深的外交官，脸一下子白了，沮丧地问："怎么？她又出来啦！？"陈幼石这才恍然大悟，让客人们虚惊一场，不得不把我这个江青在席上介绍了一番。第二天她告诉了我这个笑话，我也就此在中国驻联合国代表团中出了名。

记忆犹新，倒不是我多虑。所以在通姓报名时才如此小心谨慎。我不想把接听电话的人吓着，慌忙解释："我是跳舞的……原来是中国出来的……就在前面的剧场演出……"他仍然不放心地接着问下去："你的'青'有没有草字头？""没有。""有没有三点水？""没有，没有，就是青草的青，和那个江青一模一样。""怎么这么巧呢？真逗……"他在电话里笑了很久，我也笑了起来。

结果，中国大使馆表示因为我不代表中国，所以不便首演日来，而来看第二场的演出。第二天演出之后，和文化组的人员谈起两天前那段"电话小插曲"，大家笑个不停，并告诉我："我们早就看到海报上印着'Chiang Ching Dance Company'，原以为是有剧团存心针对中国政府审判江青这件事演讽刺剧。法国推崇中国'文化大革命'的大有人在。为判江青死刑，还有人到使馆示威抗议呢！所以你这位江青的出现完全出乎我们的意料之外，真是十分戏剧性……"

大家在谈到当晚演出节目时基本上都表示，这是他们第一次看现代舞，不大懂。可是有一位年轻人说，其中只有一个节目《深》他完全懂了，并且一五一十地分析起这个作品来：《深》中那四个花脸的舞者代表着万恶的"四人帮"，穿白衣的女主角代表着纯真、善良的中国人民，似帐幕又似口袋的层层黑色物体象征了"文化大革命"时期中重重的黑暗。经过一次又一次的挣扎，不屈不挠的斗争，舞蹈结尾时，那四个花脸在台上滚下去，表现"四人帮"垮了，而那个白衣女主角在面具拿下之后，表现人民重见光明……他兴奋地望着我，声音越说越大，我从来没有听过如此精彩的对我舞蹈的诠释，一下子愣在那里。我并没有告诉他我创作的原构想，因为我认为：创作者应该给观众足够的空间和余地去联想，根据个人自身的经验去体会和感受作品。其他人被他这一点，好像都被

江青（前中）在舞蹈《深》中。（柯锡杰摄影）

江青在独舞《回》中。（柯锡杰摄影）

点破了，连忙点头称是。在临分手时，大家不约而同地称赞我："你虽然离开中国这么多年了，还能对中国的政治如此关注，真不容易。想不到那个以江青为首的'四人帮'的粉碎能提供给你这个江青如此好的创作构思。希望在你今后的创作中更多地利用一些中国写实题材。"

我第一次看到我的真名在中国大陆出现是一九八六年第八期的《电影世界》上，历届金马奖简介专栏中，文章的标题是"最佳女主角获奖者——江青"。文章约有一千字左右，主要介绍在六十年代中我所主演的一些影片和《几度夕阳红》中的两帧剧照。

看了这段新闻，我真正地意识到，大陆上人们的精神开始松绑了，就像我的名字一样，被软禁了这么多年，现在才松了绑放出来。仔细想一想，一九六六年到一九七六年，整十年的"文化大革命"，使中国百姓处在水深火热之中，人人生活在歇斯底里的精神状态下；又是整十年的时间，一九七六年至一九八六年，人们才从精神崩溃的边缘上逐渐舒缓下来。可见时间是一切，它代表了成长，使你变得一天比一天成熟；时间也代表了距离，使你离那时的你一天比一天的远；但它绝不会令人忘却不该忘的事。深重的伤口，无论过了多久，仍留下明显的疤痕，洗不掉也抹不平，碰上刮风下雨、天阴潮湿时，往往也会有疼痒的感觉，搔痒时才会忆起往日的伤口，但毕竟是在痊愈中。

不知不觉中，也不知什么时候，我竟养成了一种习惯性的直觉，把自己的名字当做一个温度计去测量中国大陆政治气候。在我看到那篇文章后，直觉告诉我，我在大陆跳不改姓、舞不改名的时候终于到了。

做了近半年准备，一九八七年的初夏，我回中国作全国性八个都市的"江青现代舞独舞晚会"巡回公演。以往的演出仍属内部公开（只在文艺界范围），而这一次却光明正大地在戏院售票处对普罗大众售票，戏

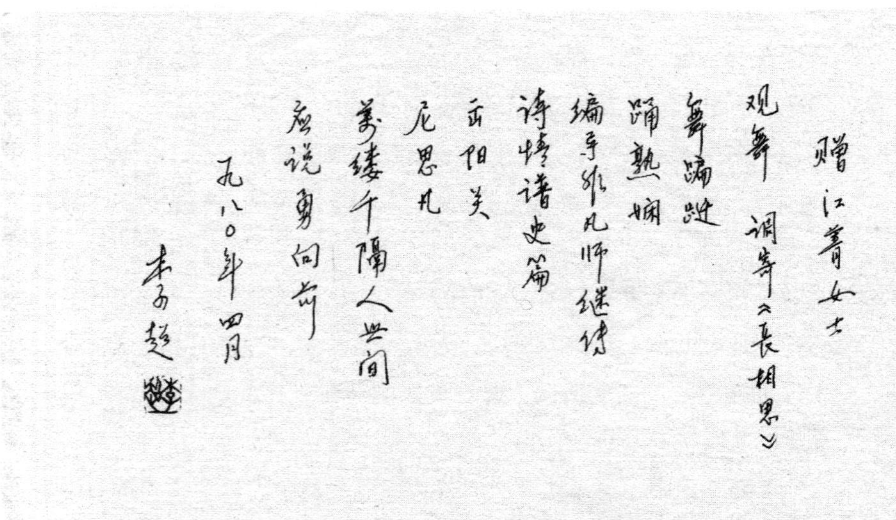
赠江菁女士

观舞 调寄《長相思》

舞蹁跹

蹈熟娴

编导非凡师继传

诗情谱史篇

出阳关

尼思凡

美缕千隔人世间

应说勇向前

一九八〇年四月

李超

七八十年代，在北京、香港等地的一些演出节目单和介绍，舞蹈者姓名从“江菁”回归“江青”。

1980 年 4 月，当时的文化部教育司副司长李超先生作《长相思 · 观舞》赠“江菁”女士。

院门口还画上海报做宣传。在一般情形下这是再正常不过的事，可是对我来说，在中国能公开用江青这个名字再加上表演“现代舞”，却是破天荒敢作敢为之举。尤其在对政治特别敏感的北京，演出还安排在当初为演“革命大歌舞”特意建造的海淀“中国大剧院”中，就更属难上难了。

在中国舞蹈家协会安排下，我在广州、上海、杭州、沈阳、天津、兰州、拉萨、北京八个城市演出，无论到哪一个城市，没有一个主办单位提出要我修改名字的，也再也没有人跟我说诸如此类的话 ：“你的名字我叫不出口，你就不能稍微改一改吗？”“一想到她心里就别扭，太恶心人了。”“你不知道江青这个名字有多臭，怎么好取不取，取这名字呢？”当然大家绝不会叫我江青同志，总是江女士，含蓄地把那个“青”字略了过去。

只有当我和老同学们在一起，他们有时忘了这个顾忌，在公众场合高呼“江青”时，会引来“注目礼”，那种万众瞩目的风光，甚至凌驾于六十年代在港台当电影明星之上，然后引来一阵哗笑声。

负责接待我的工作人员曾主动告诉我 ：“因为你的名字特别，所以容易宣传和售票。终究大多数人有好奇心，想看看这个搞现代舞而不是搞‘文革样板戏’的江青究竟是怎么回事。”在中国经济改革、自负盈亏的政策下，“江青”又开始占便宜了。当然实惠是主办单位的，但我的这份福气，也不晓得是谁赐给我的？想当然又是那位与我苦苦相缠的江青。

一九八七年的巡回演出，在中国属创举。七个星期中，纵横跨越了这么多省区，一口气演出这么多场，而且是名副其实地在台上唱独角戏。所以电视上和报章都有新闻报道和演出评论，在“江青”名字前必要冠以“美籍华人”、“舞蹈艺术家”来标明两项身份，“江青”之后必

我爱汉宁。

要拖上“女士”这个小尾巴。“同志”和“女士”从字面、发音到感觉是完全不同的，当然不便混为一谈。

江青同志已于一九九〇年五月十四日走了！是自杀？还是他杀？……我不知道，但我知道她的故事还没有结束。

而我的名字的故事现在要结束了，我希望这个故事不再继续下去，更不可重复。我的这个希望不是今天才有的，不信？有据可证：

姓：江（中文） Blombäck（瑞典文）

名：汉宁（中文）Henning（瑞典文）

性别：男

出生年月：一九八四年十月四日

出生地：瑞典（Sweden）

父：Birger Blombäck

母：江青

汉族的百姓是多么的需要安宁啊！

上海 童年

童年在上海外滩

我五岁时由国润幼稚园直升国润小学一年级。国润是私立学校，创办人是我外公巫惟润，校长巫惠淑是巫家长女——我的母亲。

规定入学年龄是七足岁，但那时候私立学校不那么顶真，况且一切都在自己家里人的范围内将就。在班上数我最小，无论是在年龄上，或在个头上。但在学习和劳动上，母亲可一点也不允许我将就，更不能倚小卖小。好强的我立志要做个“三好学生”，就像校园内墙上写的那样：“思想好、学习好、劳动好”。谁让我是校长的女儿呢？做校长的母亲处处以身作则，做女儿的就要青出于蓝。我不但不能使母亲脸上无光，也绝不能在学校里让同学闲言闲语，以为我是校长的女儿就处处沾光。这种无形的压力使我觉得每个人都在看着我，使我每天在上课、缴作业、考试、参加课内外活动和劳动上都战战兢兢地比别人勤奋。

一个班上约有四十名左右的学生，在上小学的六年之中我从来没有考过第一名，但永远在前五名之内。每次都是因为体育课分数偏低，而把总平均分数拉了下来。

小学六年中我唯一沾到光的就是上课永远不会迟到，因为家就住在操场边上的一排房子里。每天早晨，上第一堂课之前的五分钟会打预备铃，即使我在听到预备铃时才起床，还是有时间刷牙、洗脸、冲进教室，最多是饿着肚子不吃早饭。大多数的情况是在打完预备铃后我仍在早饭桌上。负责打铃上课的工友田春魁总会跑来问我：“好了没有？”然后我拎起书包和他一起出去，他看我入了教室才摇起上课铃来。

母亲一直没有教过我班上的课，只有一学期在我上高班时，她要给请产假的老师代课，在我班上教“自然”。记得学校的期终考试要到了，我拼命在家温习功课，念、背、记，晚上困倦得直打瞌睡也不敢上床去睡。妈妈就在灯下出第二天自然课的试题，她装着没看见我的样子。帮

1952 年元月 21 日，妈妈抱着江山，我和江秀要为三姨作小傧相前，在上海王开照相馆摄。

1948 年，两岁的江独青。

助母亲照顾我的姨婆，看我实在熬夜熬得辛苦，就劝妈妈把试题先给我看一下，结果她不但不答应，反而对我说："即使我给你看，你也不应当看。作弊是不诚实的行为，念书不是光为了分数，将来得益是自己的。"第二天"自然"课期终考，我考了个全班唯一的百分。班上同学怀疑我在课前作了弊，当面冷嘲热讽，背后嘀嘀咕咕。我是有理无处评，因为一评理就得上我妈妈那里去，要她作证。我无故受冤屈，只好请求妈妈重新安排课表，希望她不要到我班上来直接教我。这点要求她也没有答应，告诉我："只要自己行得直、坐得正，不应当理会别人怎么想、怎么看。"

我不知道作弊的定义是什么，我没有在考试前窥视过妈妈出的考卷，可是我窥听过一次她和外婆的谈话。

那是一九五六年我十岁，中国开始了"整风运动"，也就是一九五七年反右运动的前奏曲。"国润小学"在一九五五年响应了国家公私合营的号召，连百分之五十的权益也放弃了，无条件地将学校产业捐献给国家。学校的名称也改为"公立邢家桥北路小学"，妈妈仍旧保留校长的职位。"整风运动"开始不久，妈妈就不见了，外婆告诉我：

1949 年，江独青与弟弟江独秀。

"你妈妈最近出差开会，要过些时候才能回家。"我自小习惯了把外婆家当自己家，所以也无所谓。但等了好一阵子，实在等得想妈妈了，于是设法打听，原来她就在虹口区第十七中心小学里。那所学校在山阴路口，和鲁迅的上海故居相距甚近，那里我参观过很多次，去那里的路我认识，于是马上偷偷地领着大弟弟摸上门找妈妈。在大门口的传达室中，等了好一会儿，在另一人的陪同下，妈妈出现了。她竟是那样的憔悴，平时不爱讲话的她此时更加沉默，什么也没说，只有眼泪汪在眼眶里。我第一次见到她这样，心慌了，只会问："你什么时候才开完会回家呢？""乖乖地把弟弟带回家，会一开完我马上就回来。"妈妈竟没有再多说一句话。就这样我又盼了好一阵子，一天，妈妈突然拎着一个小包裹回来了，走路都不太稳的样子。她和我们亲热了一阵子之后，就去了外婆的大房间。直觉使我猜想这不是寻常的开会归来，妈妈一定有什么秘密要和外婆讲。于是我躲在关着的厚重的木门外，在黑暗中，我屏住气息，从门缝中窥听到了一次惊心动魄的谈话。原来整整那一个月，我母亲被"隔离审查"，软禁在十七区中心小学的一间课室中，要她坦白两件事：一、供认我父亲在海外的间谍活动（五十年代初期，母亲曾

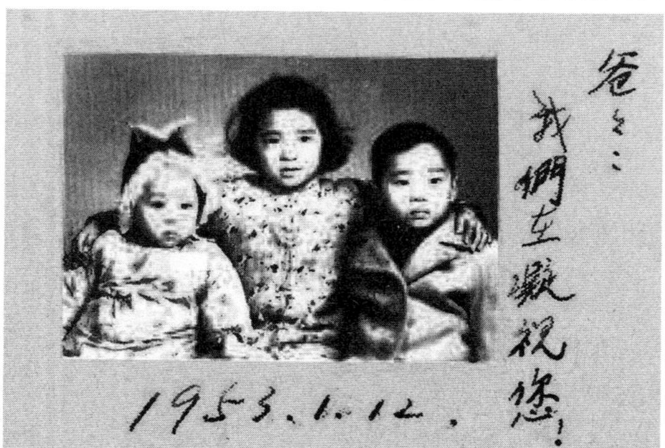

上、中图：江青姐弟和外婆在上海虹口公园。

下图：1953 年姐弟三人合照，母亲寄给了在香港的父亲，动员父亲回到内地，旁注“爸爸：我们在凝视您！”

1949 年，独青、独秀和父母在上海合影。

赴香港一次，想动员我父亲回内地投入建设新中国的行列，但未成功，单人折返）；二、承认她母亲是披着宗教外衣在进行政治活动（外婆是基督教徒）。因为一切是无中生有，妈妈不肯“大义灭亲”，所以受“隔离审查”处分。夜以继日地逼口供，连上厕所都不准许她单独行动，以防她畏罪自杀。长期的胁迫、精神虐待，使她近乎崩溃。我母亲对我外婆哭诉：“如果那天不是小青带着毛毛（江秀的小名）来看我，我是过不了那一关的，多少次我想从楼上跳下去，但想到孩子们忍不下心，死比活来得容易，我到底还不是那么自私的母亲……”我吓得魂不附体，没再敢往下听就逃离了。我没有把所听到的话告诉弟弟。那天，妈妈在外婆房中待了很久很久，她出来时不再哭了，但眼泡红肿得像桃子。

我仍记得当天夜晚，睡在绿色钢架的席梦思大床上，我紧紧地搂住妈妈，生怕她消失了，这是我第一次想到死亡。这以后我常常会突然地想到，如果我没有了妈妈该怎么办？我能活下去吗？这样的念头来袭时，我就会痛哭起来，在半夜中还失声哭醒过。我告诉过母亲我怕她死，但从来没有告诉她，是自己窥听导致的。

我童年中也是我一生中最无忧无虑的一段日子是在上海度过的，确切地说是一九五四年（我八岁）九月三十日之前。正因为我是在远离父亲的环境下长大，所以母亲大家庭里的每个成员就格外地宠爱和照顾我们姊弟。母亲工作极忙，早出晚归，一周中只有星期天是属于我们的，也是我最快活的一天。不成文的规定，星期天白天不是上公园就是去郊游或者去参观，晚上下馆子，一周中只有这一顿我们才脱离大家庭的大锅饭，选些自己喜欢的吃。上海的大小馆子妈妈差不多都领我们去过。记得去得最多的一家，是在南京西路上的一条巷子里，那里吃烤鸭最有名，每次我们都点半鸭三吃：荷叶卷夹鸭皮，鸭丝炒芹菜，鸭架粉丝白菜汤。吃饱了总是雇辆三轮车高高兴兴地回家，我大弟弟永远是上了车就呼噜呼噜地睡。

星期天之外，母亲永远是属于学校的，我的课余时间就都在外公、外婆住处和舅舅、阿姨、表兄妹们一起度过。外公趁他高兴时喜欢讲一些中国传统的故事——《水游传》、《三国演义》、《西游记》一类。大舅舅喜欢讲《基度山恩仇记》、《罗滨逊漂流记》、《天方夜谭》一类的外国故事。那时候在中国十分提倡的苏联现代文学《钢铁是怎样炼成的》、《童年》、《契诃夫短篇小说选》、《静静的顿河》等都是在我母亲督促之下看的。我虽不完全理解，却偏爱陀思妥耶夫斯基的《白痴》。

我记得园子里有外公亲自栽培的两棵桂树、两棵桃树、两棵杏树，还有一棵石榴树，和一些蔷薇花、月季花、凤仙花。桂花开时香极了，将整所屋子浸透在醉人的香气中。

学校放暑期时，我们就把教室里的课桌搬到园子里拼成一张一张的床，上面铺上凉席，坐在那里，边听故事边吃瓜。家中的瓜不是一只一只买的，都是成担地往家里挑，平湖西瓜之外还有浅玉色的香瓜、黄金瓜和翠绿色的菜瓜。乘凉时，总是讲《聊斋》一类或自编的鬼故事。讲得活龙活现、绘声绘色的数平时几乎半句话也不说的三姨父。我胆子小，又怕又爱听，听到紧张处就掩着耳朵钻到毛巾被里，然后不知何时就睡着了，总是等到第二天早上露水下来时，才觉得凉飕飕的，然后发现自己睡在外面花园里。

冬季春节前后家中总是一番喜洋洋、乱哄哄的热闹景象。冬至以后外婆就要开始张罗准备过年了，托人到乡间买山民打来的野鸡，总有上百只连毛一起挂起来风干，白天一排排地挂在弄堂的围墙上，小孩子们轮流在弄堂里一边玩耍一边看着。猪是整只地买回家，我记得我最害怕看见猪头，虽然爱吃又脆又韧的猪耳朵。厨房外的天井里放着做腊八豆和腌雪里红的大瓦缸。记得田春魁还卷着裤脚光着脚站在缸里吱吱地踩个不停，有时我也会凑上一脚帮忙在缸里跳。加上厨房里切菜板不停的噗噗声和灶膛旁拉风箱的呼呼声，在楼下讲话非得扯着嗓子嚷嚷才能听见。腊月的后半个月就更忙了，忙着蒸各式各样的年糕、糯米烧卖、包子、馒头。我最喜欢用雕花的木模子倒出各种图案的糕点来，和帮着推小石磨，磨水磨糯米粉做汤团用。记得楼下两间大的房中，放着几个大竹扁，盛放着各种春节用的点心，年货也在屋子四周吊挂得琳琅满目。最精彩的还是看外婆在她的大床底下小心翼翼地抽搬出那笨重粗糙的深褐色的大坛子，坛子中段肥大，坛口用大碗倒扣着，碗边浸在坛口放的一圈水中，那是为密封用的。坛子里面是封存了整整一年、用上好的香喷喷的小磨麻油浸泡已用粗盐暴腌过的青鱼段。大家团团围住外婆开坛献宝。坛子打开时个个往里吸气，扑鼻的香气，使人垂涎。

在学校放春假、秋假或其它的节庆日时都有两三天的假期，我和母亲常随着外公去上海附近的名胜古迹玩。他一生爱美食，为了吃道地的小笼包还专程跑到南翔去，为了吃山上庙中的素食也不辞辛劳地去爬

山，最喜欢吃镇江肴肉和干丝汤，兴致来了，非回镇江老家一趟不可。

最令我不能忘怀的是外公喜欢上附近的澡堂子，洗完澡在起坐间休息时，总要泡上壶好茶叫点心来吃。我下午一放学如果见外公不在家就知道他人在哪里了，书包一放，就往那固定的地方跑去。外公也习惯了，等我到了才开始点吃的，只有两个人，吃的也就精致些，蟹粉小笼、火腿糯米烧卖，还有比普通烧饼贵两分钱的加油酥的蟹壳黄等。由于大家庭中人太多，不到逢年过节就讲究不起来，但外公是一家之长，他打打牙祭，当然谁也不会有异议，我是大家庭中的“天之骄女”，好像也理所当然。我们祖孙俩分享过许多轻松愉快的时光。

但是，一夕之间家庭中起了巨变。一九五四年九月三十日傍晚时分，外公正在学校大门外，站在梯子上，为了庆祝第二天就要来到的“十一”国庆节，在那里张灯结彩，鲜红的“庆祝国庆”四个大字已经端正地挂好了。那时所有的学生和老师们都已放假离校，我和小舅舅巫惠浚一面扶着梯子，一面帮外公递递拿拿，心中在高兴地盘算着：今天晚上妈妈已包了三轮车要带我们姊弟去兜风，到南京路、外滩一带观国庆灯火和新扎起的排楼，我该随身带些什么零食呢？国庆假日有三天，

1950 年，江独青（左下角）和舅舅、阿姨、表兄妹们在阳台台阶上。

1953 年，自家花园中与亲人合影。后排右起：三姨父、三姨抱着长子、姨婆、六姨、外婆、五姨、妈妈。前排右起：江秀、小舅、江山、江青。

妈妈又归我们了，我们可以怎样度过？突然大门口来了几个陌生人，态度极不客气，几乎是命令的口吻让外公下来。我不知道他们在一边说了些什么，看情势外公马上就要跟这批人走了，我觉得外公的表情那样奇特，似乎想说又说不出话来。我直觉大势不妙，就紧追不舍地跟着他，他叫我不要跟，赶快回家，但我仍在他身后紧跟着跑，惠浚那时还是罗圈腿，也拼命地一摇一摆地在后面追赶着。就在弄堂口的转弯角上，我突然听见"咔嚓"一声，眼见外公被铐上了亮得扎眼的手铐，刹那间我明白了一切。我有没有喊？有没有哭？我完全不记得，只记得在惠浚的哭嚎声中我跑回了家，气急败坏地报告了这消息。

这消息如晴天霹雳把一家人打闷了，那天傍晚一反常态屋中失去了往日的吵闹声、笑声、上下楼梯声、孩子们的哭叫声，连家中养的猫似乎也懂事起来，蜷坐在灶边，一切静穆得使人寒栗。记得那天晚上没有开晚饭，就这样大眼对小眼地静坐着，连大气都不敢出。时间过得真慢，我第一次知道时间的步伐也会有快有慢的。不知等了多久，家中来了几位便衣公安人员，铁着脸孔，和谁都不打招呼，在妈妈的带领下去了二楼的客厅，没有人敢跟到二楼去，外婆掩上了门。我抱着弟弟，连想都不知道该如何去想。没多久来的人走了，带走了外公需要的生活用品，我意识到外公暂时是不会回来了。我们都不知道这件事为什么发生？将来还会如何发展？妈妈在众人面前简单地说了一下外公的事件尚在调查中，大家只能祈望最好的也同时作最坏的打算，要求每个人的日子还是要按照正常过。外婆领着全家人跪下来做祷告，我平时在家中从不参加做祷告的，现在也和其他人一样不由自主地跪了下来。

祷告完毕后不懂事的弟弟仍然坚持着要去兜风，大概他以为祷告之后一切就平安了、过去了、没事了。妈妈自己刚宣布：日子要正常过，非以身作则不可，就领着我们登上了大门口已等了很久的包下的三轮车。她那晚的镇静和勇气把我镇住了，我们盖着毯子，静静地坐在车里，整晚上我没敢回头朝妈妈看一眼，我怕万一她有悲伤的表情或在流泪，那我就把持不住自己了。只有弟弟一人兴高采烈地在那里指手画脚，看到灯多时还乐呵呵地拍起手来。我故意表示累了，想早点回家，好结束这不能忍耐的对我母亲几乎是残忍的兜风。在回家的路上，弟弟睡着了，我终于问出了“为什么”三个字，仍然不敢看母亲的脸。她告诉我的我还清楚地记得，因为这以后家中发生了许多“灾难”，我都是用她的话也就是外公的话来对自己解释，想以此说服自己。她回答说：“每个时代的革命，都有一个阶级是被牺牲的。这次的革命，我们的家庭成分正好是属于那被牺牲的阶级，这个阶级从比例上讲，在中国是极少数的，只要中国大多数的人好起来，不能因为我们是属于被牺牲的而有仇恨去反革命。虽然不幸，那仅是对我们家庭而言，大家应当面对现实，接受历史的事实。”我听进去了，当然不完全懂，只知道话的重心是不能把个人放在集体之上，家庭放在民族之上。等于平时在学校开会表决时，少数服从多数，这次我们属于少数，所以必须无条件地对多数心服口服。

但是妈妈话中的“反革命”使我替外公担心起来，因为那段时期国内正如火如荼地进行“镇压反革命运动”，我也整天在学校里唱这首最“时兴”的歌。第一段的歌词是这样的：

镇压反革命，大家一条心，
革命敌人似豺狼，不许人民来革命。
人民大家一条心，不许他们反革命。
一定把豺狼，
彻底消灭！
干干净净！
肃清那反革命！

“但是外公不会是反革命吧，那绝对不可能。”我想我也听过他不止一次地讲过和妈妈刚才对我讲的类似的话。记得年前土改时他不是还亲自下乡积极地参加了吗？回家后还得意地告诉我们，他主动地把老家乡间的田地全捐给国家了。就是今天下午，他还嫌别人把“庆祝国庆”的牌子在校门口挂得不够端正，而亲自再去挂好它，并加工布置一番。工作时一副兴高采烈的样子，哪可能是反革命呢？

我知道那天晚上我母亲整夜未睡，在黑夜中我听到她在床上转动翻身，那是我记忆中自己第一次失眠。我无忧无虑的童年生活也就在那一晚结束了。

表面上看来，家中的每个成员都保持日子正常过，但是家中顿时失去了往日的欢笑，尤其明显的是在晚饭桌上，没有人再把饭桌当聚会中

1954年，江青、妈妈、弟弟与外公、外婆在大陆的最后一次合照。

心、演讲台或舌战场了，都是三两口地把饭菜吞下肚，就钻到自己那一方的小天地去。也没有人想提起那件突发的事件，讨论多了也是于事无补，反而惹来一阵伤心。

日子一天一天地过去，外公没有寄来片纸只字，也没有任何人带来一丁点儿他的信息。他身在何方？罪名是什么？这两个问号像两个铁钩，不分日夜地钩挂在我心上。下落生死都无从打听起，无尽等待的日子是最难挨的，等的日子越久，气氛就越凝重。冬天到了，天灰溜溜的，一天比一天昏暗，也一天比一天寒冷。上海属于长江以南地区，照规定没有取暖配给，火炉暖气都无法烧，室内的温度和室外一样低。屋里冰冷冰冷的，湿气又重，凝重的水汽可以随时化作泪珠滴下来，也可以随时结成那种透明的只要用手指轻轻地一戳，或者直着喉咙那么大叫一声，即刻就可碎成片片的薄冰。左邻右舍以及学校里的同学和老师们，似乎都在背地里议论，那种神秘的表情，压低了的声音，指指点点的手势，我都觉得对我是一种无比的压力和羞辱。在学校里唱《镇压反革命》这首歌时，我也会觉得大家是存心针对我唱的，这样一来我的嘴巴好像被缝住了，张不开来，但又怕被同学发现我没有在跟着唱。母亲发现我感到抬不起头来，再三劝导我要振作精神，跟我讲一人做事一人当的原则。

几个月后的一天，我放学后背着书包往外婆家二楼跑，看见家里箱翻柜倒，几个陌生人正在搜查，有人还钻到二楼浴室外的天花板上面。外婆和母亲使眼色不许我留在楼上，我就乖乖地躲在楼梯底下，吓得不敢动，生怕弄出了任何响声惹出祸来。人走时并没有带走任何东西。当然我知道这一切是和外公有关，但是究竟他们在找什么呢？谁也猜不出来。于是家中来了一个彻底大扫除。

就在被搜查过后的那个星期天，一大早外婆就指挥大家轮流洗澡。冬天时要在浴缸里洗澡，一般都要半个月一次，可算一件不大也不小的事。因为那时在上海，家中没有热水炉设备，热水都要另外烧，厨房里除了煤气炉子，也有那种用风箱拉的大灶，一火两灶眼用柴火烧，平时煮大锅饭、炒菜，用灶眼上的两口大铁锅，又快又方便。烧开水洗澡也就用那两口铁锅，一锅子开水正好够做一浴缸的洗澡水。那天清早，妈妈在厨房里，把厨房通往过道的门掩上，规定谁也不许走进去，厨房的地下和连着厨房吃饭的八仙桌上、桌下都堆满了外公的藏书、字画和文件。不仅搬移出了外公房中的，连二楼转角处的阁楼上堆放的一切书画，也都搬了下来。书不管是线装的、平装的，画也不管是裱好有画轴的，扇面镶在镜框中的，以及册页画，全都一股脑儿片纸不留地搬到楼下厨房里和厨房外的天井中。名家的书法、精致的湘绣也都从墙壁上拆了下来，在墙上留下一道道痕迹。

我猜想这些东西一定是昨夜我睡着后搬出来的。我偷偷钻入厨房，在书画堆中翻看，觉得十分好奇，很多东西我从来没见过。妈妈就坐在灶前的小板凳上，面朝着红红的火口一声不响，不断地把手边的书画往火里塞，灶口又大又深，吞吃起来毫不费力，灶膛里的火比往日烈多了，因为纸张易烧，火焰苗子特别红也特别大，况且不像柴呛人。

大舅舅从门缝里轻轻地叫我出去，我出去后他认真急促地告诉我，要我帮他偷拿一本书（我现在不记得书名了），他告诉了我书的方位和书名，并要预付我两角钱，交赃之后另有奖赏。他催我动作要快，看到他那副着急的样子和恳求的语调，我两角钱也没顾上拿就一转身蹑手蹑脚地潜回了厨房，装作若无其事的样子开始翻找他要的书。当我夹着那本书正要开门溜出去，妈妈的声音在背后响起，厉声责问我在偷偷摸摸地干什么？我一愣，大舅舅已飞快地蹿进来抢下我手中的书，想夺门而逃。妈妈一把抓住他，任他满脸泪水地央求也不答应。就在两人拉扯争执之中，不知是谁从旁夺下了那本书掷入了火膛，等大舅扑去灶口，书已烧了起来。妈妈和大舅同时怔怔地看着灶膛中的火焰，像是在丧礼上行肃穆志哀礼。

那天，从清晨烧到深夜，全家老、中、小三十多人，每人都用热水泡洗了一个澡，每个人从脚到头都洗得干干净净；外公的书桌、书架和藏书画的阁楼也清扫得干干净净；屋里的墙上从来没有这样干干净净过。空的墙壁、空的书架，顿时我觉得家中空荡荡的，心中也空了一大块。

后来我才从大人的口中知道，那次彻底大扫除是想“毁尸灭迹”。因为实在猜想不出究竟为什么外公被捕？为什么公安人员来家搜查？为什么外公生死不明？罪状罪证又是什么？以为是上上策的“毁尸灭迹”并没有挽救外公的命运，终于在几个月后的一天，家中收到了他由上海提篮桥监狱发出的信，用的是监狱专用邮简，邮简上印了约有两百格的方格子，规定一格一字，写完为止，不能另夹纸张。和往日一样，外公的字毕恭毕敬地刻在小格中间，就和他日常生活的穿着一样，一点马虎不得。信的内容除报平安外，还列出他所需要的日用品，其它就是要家人宽心，并且强调劳动改造是人民政府对他宽大的处理，目的是要给他重新做人的机会。因为未经宣判，所以也始终没有得到探监的许可。一直到一九五五年下半年，收到通知，外公被判有期徒刑十年，罪名是“历史反革命”。公安局干部来家时，再三强调：人民政府是以宽大为怀的政策来处理历史问题的。

并不是像我母亲所相信的一人做事一人当，外公“历史反革命”罪名定下后，我们全家就划成了“反革命家属”，整个家族每个成员往后的命运也就被定了下来。不幸的事件一连串发生：在南京大学念物理系的大舅舅被学校开除，后来响应“支援边疆”发配到青海藏族自治州；二阿姨也成了生活腐化的“坏分子”，被送去苏北大丰农场“劳改”五年；高中毕业要报考大学的阿姨、舅舅们都入学无门；到了结婚年龄的也无人敢领教；母亲从隔离审查之后也被罢免了校长的职务，调到同区的另一所小学当教员。上海动员反革命家属回乡，外公早已将老家的田地捐给国家了，回乡种田种什么呢？但是一部分家庭成员还是被逼，迁离了上海的户口，回到已一无所有的江苏省丹徒县乡间。外公的入狱判刑如一场大地震，牢固的大屋顶裂地陷，围在四面的墙壁陆续不断地倒塌下来，砖瓦摔撞在地上时，自然地断成片碎成粉了。说来也奇怪，那些外公精心栽培的园中的果树和桂花从此再也没有开结过，不知不觉间相继地逝去了。据说因为是隔壁制药厂的人把污水不断地倒过来慢慢地被毒死的，当了反革命家属，比别人矮了一截，能说什么呢？

那些年我仍然听到妈妈在劝导家人，或者说她试着说服自己：“不能因为我们是属于被牺牲的阶级而有仇恨，只要中国大多数的人生活好起来……”直到有一天，我和她去看当时在中国非常轰动的印度电影

1954 年，戴着红领巾的江青与妈妈、弟弟们。

1956 年 8 月，江青离开上海到北京的前一天与妈妈、弟弟合影留念。

《流浪者之歌》。影片是叙述一个名叫拉兹的青年，他的父亲因穷困潦倒而当了贼，拉兹长大后决心自强奋斗，但社会的现实环境不给他机会，认定了贼的儿子必定还是贼。结果，他找不到工作，失去了爱人，在现实逼迫下，他重蹈覆辙，走上了做贼的道路。做贼的儿子必然是贼的社会条件害了他一生。看电影时妈妈悲恸不已，好像把她所有的冤屈、情感全发泄出来了。我当时并不理解她何以如此伤心，但从那天起，我就再也没有听到她用同样的话来开导家人了。一九五七年春天，妈妈带着我两个弟弟离开大陆到香港和我爸爸团聚。后来，从她来信中我才知道是《流浪者之歌》拉兹的命运给予她的启示：如果在大陆当时的社会环境下生活下去，她的儿女将会陷落在"是贼的儿子永远是贼"的状况中，永世不得翻身！

外公判刑后，被关在上海提篮桥监狱。准许探监但无定期，有时隔个半年，也有时三两个月就可探望他一次，按规定探监会面时间是十分钟，允许每次两人。本来以为在我去北京舞校就读前可以有机会见外公，但适逢没有得到探监通知，所以从我见到他被逮捕的那天傍晚，直至一九五八年夏天，我由北京乘火车回上海度假才遇上机会。那年一回到上海家中，还没来得及向家人报告我的住校生活，外婆就先告诉了我十天后可以探监的消息，而且庆幸我难得回家一次却凑巧碰到机会。自从我接到这个任务后，就开始提心吊胆起来，快四年了，又能再见该是多么兴奋的一件事，可是和我在学校中接受的要与"反革命分子"划清界线的政治教育是那样的相互违背。不知道多少次我在午夜梦回时，会惦念到在狱中的外公，在我无法想象得出他目前的状况时，我会变得沮丧和胆战心惊。那时外公的入狱是我最大的一个秘密，在北京舞校没有一个人知道我这部分的家庭状况。因此，我平时绝口不提也不讨论家里的任何人和事，以免提及外公。我不喜欢撒谎，也不会撒，但避免不提总不算犯错。我经常性地会神经质地猜想：不知道学校里有没有外公的档案？一般情况下，各机构对其成员的家庭情况了如指掌。一九五五年我大舅舅被南京大学勒令开除，就是因为他和反革命父亲不能够划清界线。我依旧清晰地记得，那年九月三十日清晨，我正好在早饭桌上，看到他不敢走前门而慢慢推开天井里的黑铁门，背着铺盖卷垂头丧气地溜进家来的情景。大舅舅的遭遇使我担心，但又想：自己和外公到底是隔了一代，况且北京与上海路隔千里，也许我可以侥幸地逃过这一关。

在舞校学习的后半期，我到了入团年龄，班上的“青年团”骨干分子曾来找我“交心”——想知道我为什么没有成为共青团员的愿望，并劝告我，不主动申请加入共青团，是直接反映了不积极拥护共产主义。我心中有数，申请入团必须在入团申请书上填写直系亲属的历史背景和目前状况，也就是清查三代，而外公被判成“历史反革命”，却是那些年中成了我心病的秘密——“天机”，天机是无论如何都不可泄露的。于是我用自我改造得还不够彻底，不符合共青团员的标准做借口，一次又一次未将“心”交出去而守住了天机。天机不可泄露是因为我不能够再带着这个污点在北京舞校生活，小学在上海那最后的两年，我已经尝够了那种抬不起头、直不起腰，比旁人低几等的滋味。现在回想那年，我那么急切地要离开家，离开上海，在潜意识中恐怕这也是主要的原因。虽然我一直对自己都不肯也不敢承认，因为我是那样地敬爱外公，强烈的内疚感使我无法承认：是由于自己没有勇气面对现实环境，而冠冕堂皇地选择了逃这条路。“逃”可以使我甩掉那沾在我脸上的污点，抹掉那刻在我心上的疤痕，摆脱掉那令我感到耻辱的环境，在一个新环境中，我将又是干净清白的。

在探监之前的那一段时间我坐不安睡不宁，心中矛盾极了，提出不想去探监吧，生怕伤及外婆和家人的心，更怕万一外公知道了会伤害他。他的遭遇已经够他受的了，我不能给他再增加任何的痛苦，何况我是那样渴望地想见到他。但去呢，又生怕被同回上海度假的同学看到，那我的“天机”就会泄露，泄露后叫我如何在学校里待下去？难道再要去尝比别人低一等、抬不起头来的滋味？我心里像有十七八个吊桶装盛着亲情、耻辱、胆颤、渴念、犹豫、内疚……整天在上下碰撞。

探监那天，天还蒙蒙亮全家就起床了，大家默默地看着外婆在仔细地收拾要送给外公的物品。那种全神贯注的神情，似乎把所有的爱都注入了要送去的物品中。当时，全国副食品供应相当紧张，凭证、凭票购物，最紧张的是油、肉、豆类制品。我知道那至少是全家大小数月以来，肉不进门、滴油不沾，积累下来的成果，我顿时为自己曾经有打退堂鼓的念头而羞愧起来。一吃完早饭，我提着篮子，随着拿着包裹的外婆去了提篮桥监狱。那天我特意没戴少年先锋队队员标志的红领巾，在那个年代，儿童戴红领巾如人要穿衣，但那天我生怕鲜红色太扎眼了，别人一下子就可以看到我，同时，感到作为一个少先队队员而去探“反革命”的监，言行上太不相衬。

到了“提篮桥”，监狱高墙外的舟山路上已排了几条长长的人龙，和我们一样全都拎着大大小小的包裹和篮子。大家穿的，脸上的表情，和那堵装着电铁丝网的高墙一样，全是灰溜溜的。一看到那么多人，我胆战心惊的情绪好了一些，知道混在那一大群人中间，是不容易被认出来的。我不敢东张西望，也不敢东躲西藏，更不敢把头低得太低，生怕被外婆看出我的心思。我记得最清楚的是监狱的围墙上刷着灰白色的大字，“抗拒从严，坦白从宽”。看到这句已被我遗忘了的、但曾经熟悉的口号时，顿觉触目惊心，我又猛地忆起那首早年流行过的和这句口号大意相近的歌：

特务分子，你张开眼！
两条道路有一条，
一条是觉悟，一条是绝路，
一条是光明，一条是黑暗，
想想看，到底你走哪一条？
彻底坦白，从宽处理，
坚决抗拒要惩办，
一定要惩办！……

我觉得浑身上下不自在，设法在外婆不注意的情况下，让她做我的屏风。夏天毒辣的太阳升起后，把地上的柏油马路煎熬得冒出黑油，我也被烤烙得额头上渗出了汗珠。外婆关照我到有阴凉的地方去躲一躲，她可以一个人排队，我说什么也不答应。“此地、此刻，我哪里还顾得上怕热？我要的不是乘凉的阴凉地，而是藏身的地洞。”我心里在对她喊。于是我设法拼命地向人堆里钻，好让肉墙筑在我的周围，筑成肉墙的“他们”与我同类，和我同样是不光彩的犯人家属，我至少不必觉得羞耻，也不必伪装。在烈日之下，在密不透风和汗臭的肉墙之中，我反而觉得定心些，时间也容易打发过去。

就那样每隔十几分钟，队伍向前挪动一点，从清早到午后，才排进了监狱大门。按惯例，先将要送交给犯人的食物用品到管理处登记检查。管理人员一边翻查时，一边问：“你亲属犯的是什么罪呀？”那种轻蔑的表情和语气，使我又气又尴尬。“噢——历史反革命。”外婆在回答时，那种极其自然的、好像并不是什么罪名的语调，使我吃了一惊。我才发现外婆完全不以为当了反革命家属，应当表现出卑微，而把自己放在一个占下风的位置。检查时，她从容不迫地将物品一样一样地拿到桌上，慢条斯理地和管理人员打交道，我一直在担心那些食品会超出规定数量太多，但外婆该争的争，该送的送，就在“心照不宣，各怀鬼胎”的情况下，那次探监送进去了绝大部分的食品。其它的与其说是管理人员充公没收了，还不如说是外婆主动“捐赠”了，更恰如其分些。

检查完毕，我们拿了轮号的牌子，到轮候室中等着叫号。外婆早就叮嘱过我，探监会面时间只有短短的十分钟，必须分秒必争，要我到时候不要紧张，不许哭，眼睛要睁大、放尖，不要为找人而耽误时间，因为家中有许多事她需要跟外公商量，而且都是信中不便写的。

终于轮到我们了。大约共叫了二十多号，大家就按着号码次序鱼贯而入地进了会见室。那是昏暗的水门汀房间，庞大得几乎显得空荡，房间的中央建了像牲口圈一样的“U”字形木栅栏，但比牲口圈高多了，栅栏上的头高位置处，每隔两步就有一个比脸大一些的窗户眼。我和外婆站在一个指定的窗户眼前。不一会儿U字形缺口的门打开了，只见几十个穿同样灰色号衣，前后胸配戴上白底黑字号码的犯人从门后涌进了牲口圈的中央，每个人神经质似的瞪大着眼，在搜寻自己的家人。我好久没有看到外公了，无法想象他做了阶下囚的模样，刹那间我心一酸，慌了神，无法辨认出外公来。外公与外婆几乎是同时发现对方的，他急步扑到窗户眼前，惊喜地发现我在上海，他口没开，嘴皮抖动了一下，眼泪就刷刷地滚了下来，而不带一点哭声。第一次看到外公哭，我不知所措地连一句安慰的话都想不出来。外公用家乡话问我：“学校好吗？”“身体好吗？”“妈妈好吗？”我都一个劲儿地点头，唯一摇头的是他问我："我的样子是不是很难看？”外婆和外公之间的对话也都在“还好吗？”“保重啊！”这类范围中。会客室中一片嗡嗡声，还是我脑中一片嗡嗡声，我不清楚。

犯人规定要反背着双手，偶尔有人忘记了规定，在无意中彼此握手，后面站着的七八个执行监护的工作人员，就会很快地过来制止或警告。隔着窗户眼，外公抽噎着不能控制自己的情绪，外婆则安静地默默望着他，竟没有流泪，似乎两人面对面无话可说而硬要找话说。我在旁边看着已完全脱了形的满脸胡楂、失去了眼神的外公的脸，觉得绞心地痛，往日昂首挺胸、服装整齐考究的他，突然被关在牲口圈里，萎缩在一团灰色脏旧的颜色之中。我觉得周身上下冷得直打寒噤，脆弱得要瘫痪下来，拼命地用双手牢牢地抓紧木栅，就在工作人员过来干涉我的手不合规定时，一阵震耳欲聋的铃声响起来，似乎要把我脆弱得像耳膜一样的身心震破，这一声铃响是我今生永世不会在记忆中失去的。

就在我还没有从那震颤的铃声中缓过神来，外公就像被闪电击中了，触电似的随着铃声的尾音离去。当我重新定下神来，只看到一大堆脏旧的灰色拥挤在小门边上，一点一点地在消失，昏暗的灯光下，我努力地想在那堆脏旧的灰色中辨认出外公来，但是眼前一片模糊……

我懊恼沮丧地回到家中，那晚我没有吃晚饭，觉得冷得发麻，想呕吐。我也竭力避免和家里人谈探监的经过，早早地就躺在自己的床上了。看着压下来的天花板，我想："难道外公仍然认为不能因为我们是属于被牺牲的阶级而有仇恨？他真的心甘情愿吗？”我一直没有去问他这些问题，那次探监是我有生以来的第一次，也仍然是唯一的一次。

一九五七年春天，母亲离开了上海，定居香港。学校放寒暑假时，由于要赴香港探望父母兄弟，再加上学校安排了下乡劳动，或巡回演出，赴上海探亲的机会就越来越少了。但是，只要我去上海，那里的亲友们都会把我宠爱得像个没长大的小女孩，各方面都照顾得无微不至。我能感觉到：上海的众亲友把对我母亲的那份浓重的怀念和深切的牵挂，全部都转移到我身上来了。

上海家中事先得悉我要回去了，就把主副食品积攒下来，不但是长辈自己份上的，有时还把自己孩子口边的那一份也苛刻下来留给我享用。就连布票也省下来，要给我做新棉衣裤穿，说北方冷，生怕我冻着。在当时的情况下，上海家中经济情况相当拮据，全国市场供应情况相当差，家里亲友中，经济和物质条件两方面都有问题而急需要援助的，在范围上和人数上都太广太多。生活起居上，我趁机偷懒，倒是觉得心安理得，因为舞校住读生活一切自理，作息制度又严格，对当时我的年纪来说，自觉太苦太累。但在物质条件上，与其他的亲友相比，我可以算是最富裕的一个，所以总觉得受之有愧。亲友们对我的特殊照应，无形中对我形成一种精神上的负担和压力。不成熟的我不懂得在这样的情况下如何适当地处置：拒绝吧，怕伤了对方的一片好心；接受吧，更是于心不忍。于是在碰到这样的情况时，我往往会任起性来，像炸药包一样，“轰！”的一下突然炸开了，搞得众人（包括我自己）莫名其妙。事过境迁后，我也会无比歉疚，难过上好几天。

此类事发生得最多的是中国“三年自然灾害”时期（五十年代末至六十年代初）。当时主副食品供应情况异常紧张。

其中有个寒假，我先随学校赴农村劳动，然后才回上海过春节。由于下乡做体力劳动，手掌上满布着细小的裂缝，虎口也裂开了，手脚上还满是冻疮。同时，由于营养不良而影响到肝功能，导致浮肿。当时

"浮肿"是极普通的症状，但家人一看到我的脸和手都虚胖得圆嘟嘟的，手指按捺到手背上会凹陷下去，十分不舍得。我脚才迈进大门，连楼都没来得及上，就在厨房里被按坐在八仙桌旁。转眼工夫，一大碗热乎乎的汤端上桌来放在我面前，汤里浮着两个白里透黄瞪大眼的蛋，上面漂着一层麻油。随着深呼吸的声音望去，桌子边上几双表弟妹们的眼睛圆睁得和汤里的"眼"似乎一般圆大，乌黑的双眼紧瞪着碗中白里透黄的"双眼"。我知道那时期在上海，每户每月才配给一斤蛋，我当然无法独吞，建议和表弟妹们分享。但阿姨们说什么也不答应，还连哄带骗地设法带走桌边上自己的孩子，弄得整帮孩子不服气地哭闹。见此情景，先心中一热，紧接着我突然发作了，气鼓鼓地嚷："谁爱吃谁就吃去吧！世界上我最怕吃的东西就是蛋。"然后把碗一放，猛地站起，"咚！咚！"上了楼。

另一次是六姨从安徽合肥带了八两芝麻回家。她把芝麻从行李中拿出来，小心翼翼地将手帕打开摊放在桌子上时，得意洋洋地说："是我想法子跟人对调了油票，才能一下子买这么多。我早就晓得小青这段时间会回上海，她嘴馋，平时最喜欢吃用芝麻做的东西了。"一问之下我才晓得合肥市每人每月配给二两油票，而一两油票她对换了一两芝麻。那也就证明六姨这四个月以来，一个菜也没上过口（当时需要用油票才能在食堂或饭店里买到菜）。我被她的惊人之举搞得张口结舌，看着她那带着笑容的蜡黄而又浮肿的脸，鼻子一酸的同时不知哪来的气，突然冲着六姨扯着嗓子喊起来：骂她是疯子，能够四个月酱油拌饭不吃菜，为了那不起眼的小芝麻；又骂她是没有脑筋的大傻瓜，居然肯用一两油票对调一两芝麻……总之一句领情的话都没有。六姨气得泪水在眼中直转，好在我们年纪上下只差四岁，平时也是不分辈分，没大没小地争吵不休。对我的脾性六姨一向了解甚透，那次，她又是照样地原谅了我的恶言好意。在那个假期中，我记得和她说了许多知心话，也告诉了她许多北京舞校的学习和生活，更少不了与她滚在一堆咯咯地大笑了许多场。有时笑得止不住，她还拿出表来计算我笑的时间，那样我就更笑得上气不接下气地停不下来了。

比我大五岁的二舅，因为家庭成分的影响，他不准报考大学，高中毕业后，就到江苏省戚墅堰（位于常州与无锡之间）机械制造工厂做学徒。在我上舞蹈学校的六年中，我们一直保持了一个不成文的约会——我由北京回上海之前，预先通知他，到时他也向工厂拿假期，然后由常州搭乘同一班次火车一起回家。记得他第一次乘搭同班火车时，是刚下了班，还来不及换洗就赶着上车了。那时，他刚进工厂学做粗重活不久，他上车后，我发现他不但是满身油渍，而且手臂上青一块紫一块的，指甲里全是淤血。我一看连招呼都没打就哽咽住了，他大概觉得因为他脏兮兮的模样使我受窘了，所以马上就忙不迭迭地向我同车同学解释。最后，他发现我望着他的手愣在那里，直说没关系不痛，然后赶快将话题转移到去上海度假的事上。

如果我们不同车，总是约定：他站在戚墅堰车站月台上，我会趴在车厢那边的窗口上，当火车经过戚墅堰时（京沪线直快车戚墅堰站不停），互相挥手。记得第一次由上海前往北京，经过“约会点”时是半夜，我趴在打开的窗口上，只见戚墅堰车站的灯火在窗外飞快地倒退过去，没多久一切全隐没在黑夜中。但我心中却一片明亮，虽然我连他的影子都没看到，但总觉得带走了他的祝愿。后来收到他写给我的信，也是同样这么告诉我的。好学又好强的二舅，不能继续升学心有不甘，到工厂半年之后，设法报考夜大学，结果连这一点要求都未被厂里上级允许。那一阶段他对自己的前途很灰心，心情十分沮丧，所以亲情和祝愿对他是一种莫大的安慰和补偿。后来火车由北京开往上海方向时，经过戚墅堰是白天，事前我请所有的同车同学帮我瞪大眼睛在车站月台上找舅舅。结果，当火车飞驰而过时，谁也无法辨认出他的面孔来，眼前掠过的仅是一条条细长的身影。但是我确知他是其中的一条，那不是已经足够了吗！

“文革”后，二舅举家由上海迁居到纽约。我旅行、演出，出入纽约频繁，如果时间允许，他总会开车送我去机场，偶尔间在登机处，互相挥手说再见的那一刹那，我仍然会蓦地忆起那遥远的、极美的、近乎荒唐的“约会”。那毕竟是属于少年时光的一段最为清纯而又最令人神往的经历。

一九六二年年初，我离开了中国大陆。那次是放寒假赴香港探亲，当初没有丝毫打算要在香港留下去，所以走前没有先去上海。直到那时我没把家庭的遭遇，一些属于个人的得失放在首位。我仍然执著地坚信：共产主义会使中国民主、富强，会使中国大多数的老百姓日子过得一天比一天好起来。那时我马上就要毕业了，我早就下了决心：毕业后服从统一分配，“到祖国最需要的地方去”！但是我相信无论我分配到任何角落，心中都仍然会把上海作为自己的“老家”。

一九六一年夏天上海一别，没有想到竟这么久，重见“老家”已经是一九七八年了。

上海有我一生中最温暖愉快的时光，在那里我曾欢度了一段美好的童年。现在忆想起来，心中仍然觉得暖洋洋、甜滋滋的。入鼻的还是那自家花园中醉人心腑的桂花香，入眼的仍是放在我外婆大床底下、密封的深坛中用麻油浸泡的青鱼段。

如果时光可以倒流……

我常常这样想：如果不是我母亲和家中老人们、阿姨、舅舅们，在上海我的童年时期，给了我那份无私、无限的爱，影响教育了我自爱、爱人的情怀，我想我是经受不起在我后来的生活经验中许多无情、冷酷的打击和无边的寂寞的。在我的半世生命中，许多经历不想重过，但如果时光可以倒流，童年可再，我愿重温上海的几段温馨的童年旧梦。我不敢预测将来会怎么样，至少到目前为止，我没有被击倒，我还是上海童年时候的我，心中充满着“爱”。

母 校

位于陶然亭的北京舞蹈学校大门

之一

一九五六年的夏天，我小学毕业了，按照我填写的第一志愿考取了上海复兴中学。那个暑假，我和最要好的同学魏懿静已约好，要在开学前多些时间在一起。我们俩从幼稚园开始，一直到小学毕业，都在同一班上，在学校里形影不离，放学后也常在一起做功课、玩耍。两家人都已习惯了，只要看到孩子在放学后没有回家，就知道准在对方家中。

我和她在填写入中学申请书时，学校志愿一项两人填报的次序完全一样（可以填写三个志愿），但结果她被派到第二志愿的虹口中学。为此事我们伤心了很久，因为上不同的学校，也意味着我们的分离。

一天傍晚，我大舅舅悄悄地告诉我，他今天在店里理发时，看到了北京舞蹈学校招生广告，问我要不要去试试。当然“北京”两字无疑是抓住了我，再一想，要是能和魏懿静同时考上，就可以一齐去北京，该有多好啊！况且，北京舞蹈学校是全国独一无二的一所，大门是顶尖闻名难入的。我好奇地想知道考试的内容有什么。

几天后，大舅舅领着我和魏懿静去北京舞蹈学校上海招生站——红旗歌舞团报名。要报名的人非常多，能报上名的也都要先经过一番审查。结果，由于魏懿静的近视眼连名也没报上；我报上名后，好胜心和好奇心促使我去了初试。

初试时男女分批考，每一批约有二十名考生。进了舞蹈教室，招考的五六位老师坐在大镜前面。先用软皮尺一个个地量身材比例，由颈椎骨量到臀部下算上身，由臀下到脚跟算下身，下身非得比上身长一截才比例合格；然后就逐个掰前、旁、后腿的软度……考试时似乎是由脚到脖子都查看到了。记得最清楚的是叫我们只穿内裤，脱掉上衣站成一排，那时我已不记得我有光着上身站在别人面前的经验，即使我母亲也从来不在孩子面前更衣的。招生组中有男老师在，我窘迫得不知所措，最后按照吩咐，在不敢看别人也不敢看自己的情形下把衣服脱了，但不敢面对大镜，背对着考试台，无论如何也不肯转过身来。最后袁水海老师（后来才知道他的名字），绕到我面前，笑着问我："你是不是脖子有毛病？为什么头老是歪着的？"我这才意识到，自己因为光着上身太紧张了，怕难为情地斜低着头。被他这一说我设法纠正了几次，结果头仍然是歪的，只是不同方向的歪而已，引得考场里哄堂大笑。

就这样我进入了复试，入了复试可不敢再瞒着家人了，结果，出乎我意料，家里并没有人觉得这是件大不了的事，以为我和大舅舅在"寻开心"。妈妈倒是觉得我身体太弱，平时她要求我多运动，我怕累、怕高、又怕疼。现在要是我能考上舞校，至少身体可以锻炼得好些。在妈妈的赞同下，我就一本正经地继续往下考了。复试是三番四次的，重复审查身体条件外，又要考弹跳能力、音乐节奏感，以及表演和模仿能力。参加初试时有逾千人，到最后一次复试时只有五十人左右了，我倒是没有被考怕，因为有竞争性，反而越考越起劲。只是对自己一次又一次地入围感到莫名其妙，因为在小学时，运动一项我常在班中排倒数，当时我还不懂得舞蹈和运动这两者之间有何原则上的区别，只知道都是同样地需要运用身体，所以也就对自己能够进入最后复试，更加感到不可理解。复试之后，我没有再去理会，以为自己是理所当然地落选。那年北京舞校在全国各大城市设站招生，共招收十五名男生，十五名女生，投考者逾万，怎么可能会轮到我这个跳不高跑不快的小姑娘呢？

这之后，我每天只顾和魏懿静在一起玩耍，仍然在懊丧将要分手的事。一天傍晚我从外面回家，大舅舅说："你有意想不到的好消息，快

成了以“骄”、“娇”二气著称的北京舞校学生。

猜猜。”连猜三次竟没有猜到是北京舞校寄来了我被正式录取的通知书。

经过一番周折，终于第一次离开了家，离开上海前依依不舍地与魏懿静道别。一九五六年度秋季开学时，我成了北京舞蹈学校一年级的新生。

舞蹈学校六年，片段的学习经历，点滴的日常生活，这些点、滴、片、段连在一起的回忆，一直聚在我心底，至今使我回味无穷。回想起那六年，学校成了我的“摇篮”，我在“摇篮”中学习舞蹈、学习独立、学习思考、学习做人、学习……到如今，虽然我足迹如泉水一样流荡四方，流无定向，有时流淌在峡谷中，有时冲向高山上，也有时坠入悬崖下……而回忆起来，能够将整段的生活图像，依然重映在眼前，甚至仿佛是有实迹可寻的，大概没有比我母校印象更清晰的了。也许那时我还小，小脑袋瓜子还清纯、透明、柔韧得像一张白绵纸，容易吸、容易画、也容易揉的关系吧！

北京舞校坐落在城南，我刚去的头两年，北京的内城墙、外城墙都还没有拆，走十几分钟就可以到永定门外的护城河边在垂柳下玩。“她”就在陶然亭公园斜对面。教学主楼是一幢长排四层楼红砖建筑，有装

江青与舞校同学。后排左起：陈蓓娜、江青、徐曼禄、陆之中。前排左起：孙伟新、陈敏。

1956 年秋，江青（前排右二）第一次和同班同学在许传华（后排左）、高大琨（后排右）老师的带领下游八达岭。

北京舞校校长戴爱莲在辅导。

上大镜子和把杆的舞蹈教室十六间，此外还有文化课教室、琴房、教职员办公室、图书馆、医务室、舞鞋和舞衣制作厂。主楼后侧方是三层楼的红砖房，作学生宿舍用，男生住前楼，女生住后楼。隔个操场与主楼遥遥相对的是可容纳八百多人的剧场，学校举办舞蹈晚会、开大会、作礼堂、放电影都在那里。剧场两侧是学生和教职员分用的两个食堂。

舞蹈学校是一九五四年成立的。成立前，聘请了苏联舞蹈教育家，帮助筹划了近两年。学校的设施、教学方案、生活制度都参照了苏联的模式，任务是培养“又红又专，为人民服务”的舞蹈演员。

从生活条件到学习环境，在全国来讲，当时是特殊待遇，也是全国重点院校。除了免学费，食宿、练舞衣鞋、营养费和观摩费，全由国家提供。主副食品外可领取营养品——水果、牛油、果酱、白糖、鸡蛋之类。观摩演出每周有一两次，从看乌兰诺娃的《天鹅之死》，到盖叫天的《武松打虎》，从听歌剧《茶花女》，到侯宝林的相声。当年名作家茅盾（沈雁冰）是文化部部长，每当开学来校作报告。校长是四十年代由英国归来的名舞蹈家戴爱莲。

舞校学生平时走路外八字，活像鸭子，而且前脚掌先着地，走在街

1956年，一年级中国古典舞基训课做“跨腿蹲”。左起：顾以庄老师、梁志明、江青、陆之中、陈蓓娜。

上与众不同，大家刮目相看。北京居民送给舞校学生“骄”、“娇”两字：走起路来挺腰直背，昂首凸胸，给人鼻孔朝天的感觉，得了个“骄”字；线条修长，骨瘦如柴，给人弱不禁风的印象，又得了个“娇”字。

除了六年制的正科生之外，另有编导班，由苏联编导大师古雪夫主持；天马舞蹈工作室，由中国现代舞发起人吴晓邦主持；此外特设了少数民族班和三年制的东方舞班（为开展东南亚地区的外交，由周恩来总理特批开办）。当年大约共有一百八十名学生，但是教职员却超过三百五十人。

六年制的舞蹈专业课有“中国古典舞”、“中国民间舞”、“古典芭蕾舞”、“外国代表性民间舞”四科。在我上三年级之前，学校没有分科，四科全要学，但后来基于学生负荷太重，在一九五八年将舞蹈专业分为两系：“中国民族舞系”和“古典芭蕾舞系”。我被分配在“中国民族舞系”，舞蹈学习内容包括中国古典舞和中国民间舞，此外也要上普通中专文化课。由于学习任务繁重，所以作息制度很严格，规定学生必须住校，作息时间是：

1980 年，江青（左前）回到母校教现代舞基训课。

1980 年，江青（前）在母校排练现代舞《阳关》，左一白淑湘，右二陈泽美。

起床 6：00	早操、早自习 6：30 ～ 7：20
早餐 7：30 ～ 7：50	四节课 8：00 ～ 11：40
午餐 11：50 ～ 12：20	午睡 12：30 ～ 2：45
三节课 3：00 ～ 5：35	户外活动 5：35 ～ 6：00
晚餐 6：00 ～ 6：30	晚自习 7：00 ～ 9：00
做教室清洁卫生 9：00 ～ 9：30	熄灯就寝 10：00

星期六上午四节课，午饭后政治学习，然后才是周末，至星期天晚上七点上晚自习前结束。

学校安排的作息时间使个人自由支配的时间极少，而“规定”特别多。规定：要自备净白色床上用品，练舞时要穿发来的练功衣和白袜，不能穿练舞衣上其它课（课堂与课堂之间只有十分钟）。同时，对各类规定都设有检查小组，查看学生作息是否符合标准，比如说午睡时躺在床上要眼皮合上才算守纪律，卫生检查小组也是从床铺查到练功衣。因此在日常的学习和生活上，必须把握住时间，否则一时疏忽就会误时，而在点名簿上记下迟到的。

直到现在除了因为性子急使我做事快之外，我想是舞校那六年的“军训”，逼我养成了快速的习惯（不包括练舞、创作构思）。我也很少迟到，大概是在学校里被点名点怕了，从早操到晚自习都点，当然还包括大大小小的自我检讨和政治运动会。

舞校六年养成的习惯变成了生活上的“规律性”，同时也帮助我形成了“自律性”。亲身的体验告诉我：“自律性”是成为一个舞蹈演员，尤其是独舞演员，一项最基本但同时也是最重要的条件，也是从事任何一个行业想要达到目的的必备条件之一。从训练到习惯，最终几乎成了自然的“自律性”，对我后来从事电影，初为人母，只身漂洋过海寻求新的生活方式，拾回舞蹈而专注于现代舞创作，自组舞蹈团巡回四海，甚至此时此刻一向动、跑惯了的我，能每天只要有时间就牢牢地钉在椅子上写《往事往时往思》，这都是因为我保留下了我的母校赠给我的既珍贵且实惠，而又永远遗失不掉的礼物——“自律性”。

舞校的第一年对我是艰辛的一年，一切都是新的尝试：新的居住环境，新的生活方式，新的朋友，新的课题，新的困难……和“爱情”一样，等一切新鲜、刺激的感觉都过去了，头脑不再发烧，冷静下来以后，那时候所存余下来的才是真正的实质。

住校刚开始时，三十多个女生住在一个大房间中感到新鲜又热闹。大家来自不同的省城，在一起七嘴八舌、叽叽喳喳地谈自己的故乡和考舞校的来龙去脉。有时一个新生因为想家了而开始哭，然后像打哈欠一样会很快地传染，结果整个屋子哭成一团，越哭越伤心，越哭声量越大，最后会惊动校长室，要派人来察看安慰一番。午睡时常常有人会恶作剧，引得全屋笑得前俯后仰，笑声经久不衰，使纪律检查组的人束手无策。但毕竟对我来说是新的集体生活，素不相识的人一下子住在一起，要适应每个人的脾性和生活习惯实在不是易事。尤其是作息时间一样，宿舍空间小，每天二十四小时都在一起，彼此不熟悉的头几天大家相敬如宾，但久而久之，生活上琐事全都息息相关，短兵相接的结果，有时竟成了相见如“兵”了。

我就曾经被一个同室疑心我偷吃了她家中寄来的奶粉而羞愤地出走。结果，寒冬里我无处可去，潜到四楼全校最大的第三舞蹈教室中过了一夜。当然我不知道除了宿舍楼，主楼在夜间是不开暖气的。熄灯铃一响，整楼的灯全熄了，而这一层有六间舞蹈教室的四楼只有我一人。

北风在窗外呼啸着，吹得每个窗门都吱咯吱咯地叫，吓得我直打哆嗦。越怕也就越想得多，开始想起一个又一个在上海家中院子里，夏天夜间乘凉时所听到的鬼故事。同时又开始想家了。我特别记得那晚黑得伸手不见五指，窗外没有星星也没有月亮，因为我在黑暗中曾经企求家人在遥远的那一方他们也可以望到同一个明月，同一颗星星，但那晚我连这一点安慰也没有。我委屈地哭了很久。深夜里彻骨的寒冷使我冷战打得上下牙磨得吱吱响，我冷得顶不住了，心中唯一的念头是怎么样不至于被冻死。求生使我止住了哭，也使我胆子壮了起来。凭着平日的印象，我不顾一切地在黑暗中，在四楼的教室中摸索，终于在几间教室中收集起盖钢琴的套子，就这样我蜷缩在三角钢琴肚下，盖着层层的琴套，唱着歌给自己壮胆，瞪着眼过了一夜。眼睁睁地看见天发白了，窗上新结的冰花真美，头一次我发现它的花纹竟是如此千变万化的。

第二天我在打起床铃之前，偷偷潜入浴室梳洗。早操时，我既没解释也没抗议，若无其事地站在自己的位置上。我知道我那副自得的神情陪衬着那一双哭肿成只剩下一条缝的红眼睛，两者实在极不相称。

学校没有正式开学之前，我好奇心重，常趴在窗口或门缝中看老师及高年级学生舞蹈进修，看到他们练习时汗流浃背，转圈时汗水就像洒水壶那样洒在地板上，会使我吃惊。再看到每个人一丝不苟、不厌其烦地一遍又一遍练习一些技巧难度大的跳转动作，即使已经练得上气不接下气了，还是坚持下去，更使我瞠目结舌。这种练舞的情景是我做梦也没想到过的，虽然打心底里敬佩那份毅力，但也开始胆怯起来，意识到想当一个专业舞蹈演员，需要付出的“爱情”代价是巨大的。但当时我根本还没发现自己对舞蹈的“爱情”，直到多年后，我才懂得对舞蹈需要付出真正的、持之以恒的“爱情”，才能咀嚼体会出它的甘美与真谛，而产生出无比的毅力和热情，执著地去承受舞蹈赐予自身的灵与肉的苦难，以及肉与灵的快感。我常常感慨地想舞蹈演员本身就集虐待狂与被虐待狂于一身。

看了练舞，听了一些介绍，我有一种跃跃欲试的愿望，盼望学校早点开学。但是，开学后没几天我就开始失望了。每天基训课一开始便双手扶着把杆，面朝着墙壁练习一些最基本的动作。基本站立的姿势就要注意：收腹提气、压肩拉椎、颈部松弛、膝盖绷直、呼吸自然、夹紧臀部、目光平视、手指放松、双肘架起、重心平衡……我不知道自己在干什么，光有在小时候做错了事被大人罚“立壁角”（面对墙站）的感觉。第一个动作练习总是擦地腿，脚擦出去的要求是：膝盖绷直，大腿肌肉收紧，脚底板是刷子，要把地板缝里的污垢擦出来。到现在我还记得袁水海老师在教我一年级芭蕾舞课上说的一个最形象的比喻：所有的动作在运行中都要保持臀部收紧，就像穿球鞋绑鞋带一样，把两边往中间拉，然后紧紧地缝夹住。当时女孩子们听了，又是从男老师口中说出的，都害羞地捂着嘴偷偷笑。

就这样，简单的同样的动作一遍又一遍地做，一天又一天地反复，地擦了又擦，腿压了又压。我觉得味同嚼蜡，枯燥时更觉艰辛，尤其做“控制”动作，腿在空中控太久了会酸得抖起来，偶尔偷下懒，蜻蜓点水式的把腿放下来再上去，如被老师察觉，就会厉声斥责。老师经常点我名，以我做“榜样”来纠正错误动作，当众出丑使我要使劲地屏住气，才好忍住要从喉管涌上眼眶的泪水。

几个星期下来，上床、上厕所连坐下来都要用手支撑着，以减少大腿肌肉的酸胀疼痛的感觉。爱笑的我，因为大笑时会震得腹肌痛，也不敢大笑了。我自问为什么要活受罪？而且这仅仅是开始，我能顶下去吗？而老师永远像念经一样在课上念诵练基本功的要诀：“多练多收益，少练少收益，不练不收益。”

舞校日常的生活和学习都像把人放在拉得紧绷着的弦上，没有一点点弹性和余地，但周末假日时，就又像箭从弦上射出去，我完全有被射出之后的失落感。

周末假日一到，家在北京的同学回家，没有家的也多数有亲戚，只有我举目无亲无处可去。有时三十几人的宿舍只剩下我一人。空荡的宿舍，清静的饭堂，无人的课室，静寂的走廊，冷清的校园，冰凉的气氛令我感到颓丧、难耐。冬天时，就连学校的暖气也要欺侮孤苦伶仃的留校生，明明平时是呼呼喘着热气的水汀，周末时却冷冰冰的不吭气。

刚开始独立，不会安排生活和时间，在没有规定作息时间的周末时，我就不知道该干什么了。往往只好勉强自己去手洗一周积存下来没时间洗的练舞衣、白袜、白床单……那些都是我不会、不爱又做不好的事，白色衣物越洗越灰，我也越洗越灰心。

但是我仍然盼望周末的到来。那是我唯一的时间可以集中思想想上海的亲人，写家信自慰；唯一的一天可以睡个懒觉，不要怕点名；唯一的一天不必活受罪——练基本功。

繁重的学习任务，紧张的作息时间，孤苦、寂寞的假日，都使我在舞校第一年中感到自己没有勇气继续下去，于是想到过做“逃兵”，但又觉得“逃”是可耻的。为了有过这个卑下的念头，我痛哭过。

一九五六年的初冬，母亲带着我两个弟弟到北京来看我，住了近一个月。当时全国正处于文艺“百花齐放，百家争鸣”时期，她来的那个月适逢北京举行“全国第一届民间表演艺术汇演”，数千演员，超过百台的晚会，各省的精英和各类形式的剧目，全都琳琅满目地呈现在北京

1956年初冬，妈妈到北京来看我，在陶然亭合影。

大大小小的剧场中。舞校特意调配了学生的作息时间，好让我们观摩演出，并邀请了多位不同地区的民间老艺人来校示范、讲课，那些课没有刻板的理论教条，却充满了有生命的生动形象。我母亲也乐此不疲地趁着千载难逢的好机会，随着学生的校车和我一齐到各剧场中大饱眼福。在整整一个月的汇演期间，我是如醉如痴地迷恋上了舞台。那时候的我根本谈不上对表演艺术有什么认识，但丰富多彩的中国民间表演艺术，强烈地震撼了我，使我爱得癫狂。它既有即兴、流畅自如、写实美的一面，也有朴质狞厉的魅力。雄浑淳朴的土气中却生意盎然，不但流露出情感意兴，也兼容着智慧和气势。那一年的“汇演”造成了我态度上根本的变化，实际上直接地促成了我学习中国舞蹈的兴趣，打消了想做“逃兵”的念头。

母亲离京不久，我十二万分意外地收到了她由香港发出的家信。信中语重心长地道出了促使她最终选择了“背井离乡”的原委。并且告诉我，她来京的原意是准备带着我也一起离开内地到香港与我父亲团聚，令她改变初衷的原因是觉得舞校教育环境和条件，使我各方面都很“健康”，将来去留香港的问题应当由我自己做选择。

1957年，江青去香港探亲，与弟弟在维多利亚港畔。

一九五七年暑假时，我去了香港探亲。香港居住的虽然绝大多数是中国人，但它的面孔和我父亲一样，对我是完全陌生的（一九四九年我三岁时父亲离开上海，分离八年后，连叫声爸爸都觉得艰涩）。最令我吃惊的就是整个香港沉沦在一个“钱!”“钱！！”“钱！！！”的单字中。走到街上看到的都是广告牌和霓虹灯，报上、电视荧幕上，尽是汽车、名表、珠宝、冷气、冰箱、彩票、赌马的广告。好像那里人人为了钱，在挣扎、忙碌、奋斗，人人为了钱在下赌注。难道人生的目的就是为了拥有钱，拥有这一切形形色色的刺激与享受？我当然也知道生活在香港，物质条件可以是最好的，餐桌上我可以吃南方人习惯吃的白花花的米饭，不必要啃凭粮票才能有的我当初一咽就呕吐出来的玉米面窝窝头。我也可以吃到澳洲生蚝、新西兰牛排、美国新奇士橙、青岛大对虾……吃到世界各地的佳肴美味。但香港不是我要住的地方。

在香港两个月的日子里，无事翻开报章，比比皆是的触目惊心而又龌龊不堪的社会新闻：谋财害命、结伙打劫、强暴奸污、台风摧毁贫民木屋区……这些是我在中国内地的报章上从未见过的消息。内地报章上所看到的尽是表扬好人好事、舍己为人的例子，永远是祖国在一片晴朗的天空下，晴空下一片净土和红彤彤的朝气蓬勃的笑脸。尤其令我厌恶的是强烈的殖民主义色彩，我难以忍受百分之九十以上是中国人的地方，偏偏一切公文都是英文的；很多中国人看到黄脸的人却偏偏要讲英文，似乎表示他高一等。我那时还不懂什么叫没有土壤的悲哀，但当时在我眼中那种自卑而彷徨的面孔，就和所有无家可归的孤儿一样。而恰恰和住在香港的人相反，祖国内地大多数的人如此这般的“自信”，我所指的那种“自信”，是极充分的对新中国的信心，使人们将对国家的和对自己本人的希望、理想、信念、抱负等等完全连在一起去想。我打心底里将自己当做不折不扣的新中国的小主人翁，自信是世界上最幸运而又最富足的人。自信心的灌输是通过各种渠道的，譬如毛主席在一九五七年十一月十七日在莫斯科会见中国留学生时的讲话，反复学习朗读多了，自然每个字仍记得一清二楚：“世界是你们的，也是我们的，但是归根结底是你们的。你们青年人朝气蓬勃，正在兴旺时期，好像早晨八九点钟的太阳。希望寄托在你们身上。……世界是属于你们的，中国的前途是属于你们的……”那些话语在我心中不但烙下深印，而且燃烧起和太阳一样炽热的火花。

很久之后我才懂得，每天高谈阔论那一类的话也就等于每天唱高调撒谎。谎话如果天天说、月月说、年年说，重复千百回之后，不但不假思索地信以为真，而且，这些特别动听的词儿和口号，还可以进一步地发展成为“信条”、“真理”。当年香港没能留我多住一天，虽然我不舍得母亲，但我不愿离开我熟悉的故土。在我们母女闲话家常中几乎没有直接地讨论过我的去留问题，我可以感觉到她是完全理解我对香港的绝对“厌恶感”。而父亲在责备我要回去的举动时指出：他们清洗了他所有的产业不算，连他女儿的脑子也被清洗得执迷不悟。当时的我对这些话一个字也听不进去，理直气壮地顶嘴，后来我还在家信中批评他："不爱国"。几年后我才晓得我的大言不惭使他悲愤不已了好一阵子。

学校开学前几天，母亲带着弟弟们一直陪我到广州，送我上了京广线的直快车。

列车在京广线上隆隆地驶向前去，对准了目的地在奔驰。它奔驰得如此平稳、矫健、轻快。我躺在硬席卧铺的最上层，随着列车摇呀晃的好像小时候在上海时贪嘴吃多了甜酒酿，觉得醉意陶然，仿佛置身于摇篮中。"摇呀摇！摇到……"

之二

一九五七年暑期结束后，我开始了舞蹈学校第二年的学习，决心死心塌地地朝学习舞蹈的这条路走下去。

猜测是学校为嘉奖我能够与家庭"划清界限"——未留港而如期归校，因此特别挑选了我，在那年九月二十七日到首都机场向匈牙利总理卡达尔以及阿尔巴尼亚国家领导人霍查献花。这是我第一次同时看到这样多的国家领导人，有些敬畏，也有临阵怯场的心慌。上级领导人的照片在报章上看得多了，很容易辨认出来，那天接机时，委员长刘少奇、总理周恩来、副总理邓小平、贺龙、陈云等全出席了，候机时都在那里寒暄话家常。我和同班一女同学陈敏承担献花工作，分配我随着周总理献花给匈牙利卡达尔总理，陈敏随着刘委员长献花给阿尔巴尼亚霍查主席。我们俩老早就捧着大束的鲜花静等在那里，那天我穿着妈妈给我买的雪白的连衣纱裙，白裙衬映着鲜艳的花朵，那种荣耀感，使我觉得自己就像花那么香美。

当飞机下降到机场的跑道上，周总理笑着招手叫我到他身边去，然后紧紧地牵着我的手，一路向停机坪走去，我仍然记得他的手热乎乎的很大很有力。他一面走一面问我："是不是你有点紧张？"我轻点了下头，他放声地笑了，这一笑使我顿时从僵硬中松弛下来。他问了我的名字、年龄、籍贯、上哪所学校。知道我是从上海来的住读生，还问："对北京住读生活习惯吗？"都是一些极家常的问题。他的"国语"带有南方扬州口音，和我在外公家中讲的家乡镇江话口音相似，使我格外地觉得他慈祥可亲，也使我敢在回答问题时，抬头向上注视他了。最先映入我眼帘的是他那两道浓眉，他的眉毛突出的长，略向斜上端翘起。古代形容俊美男子用"剑眉"猜想就是这样的吧，当时我竟然马上联想起"眉长寿也长"这句"道听途说"来的话。

那天献花之后，我留着那只被周总理牵过的左手，良久不舍得洗去，就像初吻的女孩，不舍得抹去口边的唇印。

《人民日报》九月二十八日的第一版头条上，还刊登了前一天接机献花时的照片。这是我一生中第一次上报，特别兴奋，立刻剪下，还写了家信，好让妈妈看到我是穿了她给我买的新裙子去参加了这个不同凡响的场合。

回想起来，除了近亲和好友的去世使我哀伤而落泪外，唯一使我在听到死讯时，止不住泪珠向下掉的，就是周总理的去世了。一九七六年一月他去世时，正值"文革"后期，阴云惨雾，杀戮之气笼罩着中国大陆，使得在海外有良知的中国人都忧心忡忡。而偏偏在那时他比久病在榻的毛泽东先走了一步，更使中国这艘原在黑暗的风暴中逆行的巨舟，一下子失去了平衡，也就更令人懊丧和忧虑了。一九五七年的机场献花之外，在北京舞校六年之中，有多次机会在不同的场合中见到周总理。

他平易近人而又风度翩翩的仪表，对舞台表演艺术非但热爱而且能够提出精辟的见解，以及所具备的惟妙惟肖的模仿能力和即兴表演的才华，在跳探戈和华尔兹时潇洒而又圆熟的舞步，都使他显得那样的出类拔萃。不知不觉中，他竟成为我在进入少女阶段时心目中所崇拜的男性偶像。当然，在当时、当地，当我年纪还小的时候，这些都是不可告人的“秘密”。

所有的事情都是这样的，当你明确自己的目标，一切再也没有丝毫的犹疑时，眼前的图景顿时变得清晰起来，于是你曾经熟悉的世界里的人和事物全变了，变得连自己都不认识原来的自己。

最明显的转变是在对舞蹈学习的态度上：原来在课堂上时，我总觉得自己是在耗时间，挣扎着一分一秒地数着熬过去，而现在老嫌课堂中的时间溜得太快，正来劲儿时，讨厌的下课铃就响了，老是有意犹未尽之感；原以为老师上课点名，纠正动作是要我当众出丑，现在也懂得那是证明我还“有药可救”，或者是“可塑之材”；原来觉得味同嚼蜡的基本功练习，现在却逐渐地在每天的练习中开始体验到了内里的奥妙。那种练舞时的艰辛和练完了之后苦尽甘来的滋味，使我现在常常将它与芬兰“桑拿浴”相比。练舞进行中，有如在高温的“桑拿”浴室中被煎熬，直熬到浑身上下每个细小的毛孔全张开了，孔里渗出亮晶晶的酸臭汗水，要咬牙切齿才能忍受住热气。而“桑拿”浴后，身心舒软如棉花糖，由里到外感到像银耳般的透明、清爽、静谧、舒坦。这也和强忍着坚持练完一堂艰辛的舞蹈基本功后，在感觉上是完全一样的。尤其是深冬季节，浴后赤身裸体地冲出桑拿浴室，紧咬牙根，屏住呼吸，在白花花松软的雪堆里打个滚，等忍过了那针刺般的刹那间的“惨痛”，然后由雪堆里站起来，擦拭干净已经融化了的沾在身上的雪水之后，似乎有摇身一变成了一个新人的那种淋漓尽致的快感。

随着课堂教材循序渐进地增加，我也从双手扶把杆进入到单手扶把杆做基本练习。练完之后，就面对镜子练习中间的动作和做些舞蹈动作“组合”。学习内容、节奏和动作的变化层出不穷，每堂课都有些新的教材或者新的困难要去克服，变化和困难使练舞变得有目标也有趣多了。在课堂上，我总不肯轻易地放过一丁点儿学习的机会，就好比一个贪嘴的孩子，吃芝麻酥糖时，十个手指头夹得紧紧地在嘴下捧着，生怕大口吃酥糖时，糖屑会从嘴里漏到手上又从指缝中掉落在地捡不起来。

有很多动作在课堂上做不到，就必须要在课下下工夫苦练。有个阶段，我想达到下后腰时可以用手抓住脚腕的软度，我已经可以用指尖触到脚跟，只差那么一寸了，只要我每天练一下很快可以做到。于是，一次午睡时，看见同宿舍的人眼皮全合上了，就偷偷地爬起来站在床上练。人正倒着时，纪律检查小组的人推门进来，我急忙推地挑腰起来，但推地的劲道儿用得太猛，人一下子向前冲扑了出去，鼻梁撞在硬实的木床框上，鼻血一下子喷了出来，鼻眼周围一片青紫色，整个脸也鼓肿起来平扁得像个大柿饼。赶去医院急诊室检查，幸好鼻梁没有断，我就带着这个苦练功的标志，在校园中红得发紫（脸上）好长一段时间。

三年级开始，我渐渐地觉得“开窍”了。即使在练基本功时，也能体会到动作与音乐的配合以及肢体的协调感；同时，也可以领会到风格的体现是在一举手一投足之间，以及动作和动作的承上启下之际细致的变化上。自己长了一点功，有了些微的进展，即使老师还没有发现，但自己的身体是再清楚也不过了，身体讲的大实话，使我打心底感到踏实，那份充实的满足感是难以言喻的。

在生活方面，随着自己渐渐地学会了运用我原来名字中间的那个

“独”字，在周末时独来独往，独想独断，当起“独行侠”来，以往孤独寂寞的感觉，也逐渐地减少了。原因是除了学校中安排得几乎爆满的日程之外，在首都北京，一切首当其冲，对政治运动尤其敏感，强烈地感到整个社会的大气流在运转着每一个人。不断涌现的新的运动，使自己根本没有时间，脑中也不可能有一点缝隙让个人的生活和杂念去占据。我仍记得当年雷厉风行地推动“除四害，讲卫生”运动。“四害”是：苍蝇、蚊子、麻雀、老鼠。

除苍蝇——

学校里规定每班在一周内一定要上缴若干个打死的苍蝇，战绩成果辉煌的，会在周六全校大会上得到表扬。

只要我抓到一点空就会拿着蝇拍去最脏最臭的地方，寻找“敌人”。那段“除四害”时期，苍蝇倒是除得彻底，即使是酷暑天，连鱼摊和垃圾堆上都难得找到一个潜伏着的“敌人”。因此全国人民不由得不相信毛主席所说的“人多好办事，人多力量大”。

除蚊子——

是采取了“烟幕弹”的策略。全市划分成区域后再作统一“战略部署”，到了行动的日子，各单位各户如临大敌，按时按点闭门关窗，在撤退出屋外前，点燃起“烟幕弹”——特制的熏蚊药粉，那样战事区就笼罩在一片硝烟瘴气中，数小时后才准许回屋。我最盼望消灭蚊子的日子，因为都是在夏天晚饭后进行，那样就可以逃避掉闷热的晚自修课，到陶然亭公园乘凉聊天。

除麻雀——

需要“全民皆兵”，全市男女老少齐出动。“战争”那天，大家就到事先布置好的行动点——每个角落，每座院子，每家屋顶，每垛墙根，每条河旁，每棵树上……做岗哨。由清晨到夜晚，大伙儿连续不断地敲盆、打锅、撞钟、拍板、晃铃、击鼓……外加扯着喉咙摇旗呐喊，迫使敌人——小麻雀，不停地飞，飞得筋疲力尽时，却无栖息容身之地，结果，导致“敌人”自取灭亡——渴死、饿死、累死或干脆从高空直跌到地面上来，跌死。

现在当我想到打麻雀的经验时，往往联想到中国永远革命、不断斗争、不停灌输的政治策略。政治运动治国，整整超过四十年了，名目花样层出不穷，从清晨到黑夜，从冬到春，到夏到秋……“运动”永无休止地伴随着时节在流转。老百姓被当做了“敌人”，如麻雀般在“运动”中飞，飞得又饥、又渴、又累，永远那样在惊天动地的革命声浪中，求生、苟生、逃生……

据我所知，根据调查：因为消灭麻雀而同时消灭和伤害了许多的益鸟，而且有一个时期因为麻雀数量显著下降，甚至有些地区濒临绝迹的危机，而使害虫滋生，为非作歹，给“大自然”造成了莫大的损失。

除老鼠——

当年“除四害”时，我唯一没有消灭老鼠的经验，所以无从介绍起。而老鼠是“四害”之中最令人痛恨的一害，否则怎么会出现像今天的贪官污吏一样，老鼠过街人人喊打的现象呢，看来实在应当把缺少的经验补上一补才对。

一九五七年，文艺上提倡“百花齐放，百家争鸣”的方针。方针提出后不久，直觉地就感到在舞蹈教学上比以前活跃、丰富起来，整个学习的大环境和条件都摆在眼前，学习上努力钻研的气氛弥漫在每一个角落，也感染了我。

至今仍令我怀念的是苏联著名舞蹈编导古雪夫。那时期他在校主持“编导班”，我虽然没有直接上过他教的课，但是，我在课余时间看他教课、排练，看他如何挑毛病、解释意图、讲要求……他在校的三年多中，长年累月地看他工作，耳濡目染以及在参加他的排练时所经验到的，对我很有启发，也起到了潜移默化的作用。

他在任期内，排出了中国第一个芭蕾舞剧《天鹅湖》；结合了编导班的人才，创作了中国神化舞剧《鱼美人》。我参加了《鱼美人》的演出，古雪夫在排《鱼美人》的过程中，一再反复地强调：创作必须要建立在自己民族的文化特点上；创作舞蹈语汇，要在本民族的风格和规律上寻找。同时他也一而再、再而三地告诉大家中国舞蹈语汇的丰富给他带来的启发和震撼。当时我对他像和尚念经似的挂在口边的“民族化”，不能领会和理解，将这些话当耳边风，只是佩服他丰富的导演经验和创作上无穷的想象力。一直到那么多年之后，自己开始了舞蹈创作，移民到了国外，由远回头望去，才深切地领会到当年古雪夫苦口婆心的用意所在。

一九五八年，学校为了响应党中央提出的“为工农兵服务，把艺术送上门去”的指示，决定那年夏天组织舞校巡回演出队。我也在巡回演出队名单上，参加巡回演出的同学提前放暑假，但只有两周的假期。学校办公室给了我暑期回港探亲的许可信，收到家中寄来的买软席卧铺的火车票钱，我只买了张硬席座位票，把省下来的钱一股脑儿地买了北京

1959 年全国十大剧目之一——舞剧《鱼美人》，江青饰小鱼美人。

土特产带回家去。

上了火车，两天三夜之后到了深圳边境时，才发现距离政府规定的暑期港澳侨生凭学校许可信出入境的日期，尚有一段时间。这下子可把我急坏了，人抵家门边早已归心似箭，而我身边的钱已花得精光，无法干等，同时我的演出日程也不允许我等。虽然我有回程火车票，但又不甘心白跑了几千里的冤枉路。有人牵线告诉我可以作“屈蛇”（躲藏在小舢板船中）偷渡入香港，开价是港币三百元，到香港后，一手交钱，一手交货——人。我也不知道哪来的这么大的胆子，竟然当场一口答应下来，怕家里人担惊，干脆来个先斩后奏。第二天清晨我跟着牵线的人去了渔村，上了一位老渔民的小船，至于上船的地名，牵线人的来龙去脉，以及老渔民的尊姓大名我都一概不知道。再说广东话我是一句不懂，无法和渔民交谈，只觉得那位渔民看上去面善，很老实，不像坏人的样子（当时在中国看电影或舞台剧，坏人必定是歪嘴斜眼，满脸横肉；而好人则是相貌堂堂，面目清秀）。

刚上船时一切顺利，但船驶到公海之上浪就大起来了，胆战心惊地四下望去，只见一望无际的海水在小船四周翻滚，想“回头是岸”，已经晚矣。老渔民指着船舱要我躲在舱底，怕碰到香港水警巡逻艇。舢板中间帆布篷下木板掀开就是舱底，我吓得像条蛇一样蜷缩成一团趴在那里时才悟到“屈蛇”两字的由来。舱底闷不透气，加上我平时就晕船，觉得人要昏死过去了，只好出舱，趴在船沿上，将胃里所有的食物、酸水全都一股脑儿地倒翻在海里，才算舒了口气，我回到舱底，迷迷糊糊地蜷缩在那里。几小时后渔民要我起来，我知道目的地近了，上岸后我需要鱼目混珠才能避过截查。于是换上了他塞在我手中的唐装衫裤，将辫子盘上去，用头布包了一下，扮得活像个“艇仔妹”。他帮我拎着行李，我随着他爬下了船，一站起来，脚下觉得软绵绵的仍然有船在水中晃荡的感觉。我紧随着老渔民，顺着堤岸边全是草的湿路走了一段，才看见房子和马路，又绕了几圈才上了公共汽车，想不到他居然备有港币买车票，看来他并不像我原先想的那么老实。不料敲家门无人应，邻居说全家人去深圳接我去了。在邻居家中等到天黑才把父母盼回来，妈妈付钱，打发渔民走后，我也免不了挨了一顿责怪：胆子大得可以送命。

第二天我翻开报纸，社会新闻版上果然有“水警截获屈蛇”、“公海浮尸”等字样，我吓得赶快把报纸合上。不管怎样，我见到了才几个月大、新添的小弟弟江川，在对香港还是一百个看不顺眼的情况下，与家人快快活活地团聚了两周，临走前我对母亲做着鬼脸说：“性命攸关的风险担得还是蛮值得的。”

回校后，就随“实习巡回演出队”去了天津、唐山、北戴河、哈尔滨、石家庄等地。这是我第一次尝试“巡演”的滋味，每天生活在紧张又振奋的状态中，除了在正规的剧场中演出，还把演出队开到工厂中、矿坑里、谷场上、农地旁，不同的城镇、不同的环境、不同的场合、不同的观众，使我体会并且了解到了截然不同的世界和面貌。

其中，印象比较深刻的，一次是在唐山煤矿区矿井中的演出，当矿工们看到以“娇”、“骄”两字著称的北京舞校学生，居然也乘着吊车下到矿井中来演出，那种不谙言辞而挂在“黑”脸上的感激之情，令人难忘。另外在全国避暑胜地北戴河的演出又是另一番情景，观众是在当地避暑的“代表”和“首长”，在正式的剧场中演出，观众并不特别，但食物招待特别的好，使我们这队学生感到特别的惬意。北戴河一带的沙滩又长又软又干净，在那里，我第一次看见自己爱吃的爽脆的海蜇，想不到海蜇活生生时，像座彩色的小降落伞、婀娜多姿地浮动在蔚蓝的海

“四小天鹅”在舞剧《天鹅湖》中。左起：邢久华、蔡国波、吴振蓉、徐曼禄。（中央芭蕾舞团提供）

水中，轻柔得像一朵浮动在蓝天上的彩云。

最使我乐不可支的是在晒谷场的空地中给石家庄附近的农民演出。许多农民还是有生以来第一次看舞蹈，尤其觉得新鲜。看演出时大家就像在听河北梆子戏那样，边吃边喝边聊天，看到难度大的动作完成得好，四周就会爆出一声“好！！！”。他们十分投入，一点细小的动作，都会使台下产生直接的反应，唏嘘声、笑声、掌声、喝彩声，此起彼落，当然还加上了小孩子们的哭闹声。

演出之后照例会和观众座谈，术语是“向群众取经”。那次抢先发言的一位农民，先连声地称赞：“学生娃娃不怕苦，到农村来给乡亲们演出，使咱们大开眼界……”干咳了一声后，接着说，“有一点我不习惯，说出来请别见笑，就是怎么会有个舞，女演员连裤子都不穿？让妇女同志臊得都不敢看了。”原来他指的是“四小天鹅”，此舞是舞剧《天鹅湖》第二幕中的一段变奏。惹得全场哄堂大笑，平时爱笑的我，竟要捧着笑痛了的肚子滚倒在地。演出队的负责人当场把芭蕾舞袜找出来，给老乡们传阅，边看边有人说：“啥玩意儿啊？真新鲜。”学校秋天开学之后，“不穿裤子表演”就当笑话传开了。舞校“向群众取经”的结果是：今后在农村演出，凡是“不穿裤子”的节目，一律不准表演。

一个月的巡演结束后，我在写要上缴的“巡回演出心得总结”时，写过这样的一句话：通过此次巡演，我开始领悟到了“为人民服务”的真正意义。虽然“为人民服务”是当时人人挂在口边的一句口头禅，几乎成了口号，特别是毛主席亲自挥毫书写了这五个大字，标贴在全国各城市主要的交通要道上，各书局的横条上以及各机关院校的墙上，可以说满眼尽是，但是当年十二岁天真幼稚的我，还没有学会在写“心得”时，去套用“流行”口号“过关”，我在总结上写下的，的的确确是我的“心得”。

当然日久天长在整个大环境的熏陶之下，我也逐渐地学会了“过关”。否则天天自我批判，三天一个小组讨论，每周一次检查总结，能有这么多好批、好写吗？总要有一些冠冕堂皇、易讲又动听的词句，才能使自己无需伤神又不出纰漏，顺利地溜“过关”。刚开始我不懂其中窍门，比较怕羞，总是磨蹭到最后才发言，后来我发现原先肚中盘算定了的“台词”，已经被前面发言的人抢先讲过了，有的台词已经被不同的人引用了多次，如果我再说，就好像在背别人讲过的话。越往后拖越感到自己舌短词穷，心焦如坐针毡，只怪自己不争气。最后被点名发言时，只能结结巴巴搪塞几句，更多的时候干脆谎话实说：“我所想讲的话，前面的同学全都讲过了，不过我可以再重复一次……”到后来我也学乖了，反正从报章上以及政治时事学习中，对现阶段的“任务”、“目标”、“指示”了如指掌，耳熟能详的程度到了不必背就能牢记。譬如说一九五八年“大跃进”时期的“总路线”，到了今天我仍然可以顺手写出，连标点符号都不会错——“鼓足干劲，力争上游，多、快、好、省地建设社会主义！”因此一到开大小会议时，主席开场白的语音一落，我也和其他的同学一样，争先恐后地抢着先发言。先把当时最时髦的术语，技巧地套上自己的语气说一遍，然后再谦虚地表示一下自己的不足，最后表态，需要加紧自我改造以便赶上时势的决心。发言后，我就可以思想开小差了，反正不会有什么语惊四座的高见，随便后发言的同学讲什么我都一概不听。

就像我目前有时碰到的情况一样，在许多朋友们的聚会场合中，开始时大家用英文交谈，但在问题谈深入、争论激烈时，自然而然地形成了少数服从多数的形势，哪一个国家在场的人数多，就占绝对优势，用本国语言交谈。在我处于劣势时我毫不在意，虽然旁观者看我呆坐在那里好几小时实在闷气，实际上我在海阔天空地想“心事”，从构思新作品到盘算菜单以及分析一些实际的问题都可能，毫不受干扰。我想这该归功于当年训练有素和练舞一样“练久生功”。

一九五八年的下半年，党中央号召全国人民高举“三面红旗”——“总路线”、“大跃进”、“人民公社”继续前进。号召一下，“三面红旗”就开始挥舞，像龙卷风般旋转着中国大地，男女老少都被卷进那疯狂而令人震撼的旋风中。

这首在“大跃进”时期涌现的民歌，很能代表那时人们的心态和气概：

> 天上没有玉皇，地上没有龙王，
> 我就是玉皇，我就是龙王，
> 喝令三山五岳开道，我来了！

人们有雄心壮志想彻底地改变中国“一穷二白”的面貌。大幅的标语和宣传画上都是一致的主题：“要具有敢想、敢干的无产阶级革命作风。”“让高山低头！叫河水让路！”我也忘我地投进去，参加了一系列轰轰烈烈的活动：

大炼钢铁——

舞校白天停课，夜间夜战。在宿舍楼的侧面盖起了十几座土法炼钢的炉灶，大小风箱日夜呼哧响，煤烬如花絮般在校园中飞扬。那时根本没有作息秩序，也无人抱怨楼外太吵不能入睡，连伙食房也开足二十四小时。

当时北京每个单位都自告奋勇地提出了生产指标，舞校也敲锣打鼓在宣武区里表决心，要在最短时间内，上缴吨数以万计的炼好的钢铁。

我和同小组的同学一起去觅“宝”——废铜烂铁，从破锅、螺丝钉、铁勺到瓶盖都当宝贝。北京马路上盖下水道的铁栅，很多都不翼而飞了，我们小组为了凑足夸下海口的重量，也曾出此下策。一天，见小巷中的暗角上，下水道铁栅盖居然仍在，于是立刻如获至宝似的去搬，不料弄出声响，被居民发现，要到派出所去告发我们盗窃公共财产，我们做贼心虚吓溜了，明明知道那不是废物，但是大家都是这样“废物利用”的。听说有的同学还到建筑工地上，把大块的水泥敲开，抽出内里的钢筋，当作废铁上缴。就在“别人都可以，为什么我们就不可以”的心态下，我们小组第二天清晨先侦察，一看四下无人，就以迅雷不及掩耳的手法，盗取了“战利品”——铁栅盖。结果舞校土法炼出来的钢铁质量太差，连钢铁加工厂都不肯收。

那段时间我几乎觉得不睡觉也可以过日子，实在累了，和衣躺一会儿就又起来。大家都精神抖擞，斗志高昂，不是大街小巷中觅宝，就是到红彤彤的炼钢炉旁帮忙拉风箱，边拉边合唱使人意气风发的歌曲。在那段不算短的时间里，我觉得精神上比以前舒畅多了，因为“大跃进”时，陈腔滥调死气沉沉的自我批评和开会讨论那一套，都没有时间再去搞了。

“人定胜天”——

“一定要把十三陵水库修好。”记不得是政府向北京全体市民提出的“要求”，还是北京市民向政府作出的“保证”，反正“要求”、“保证”、“命令”、“提倡”、“召唤”、“建议”、“希望”、“指示”、“号召”全都一样，凡是按照政府政策提出来的就是圣旨，定要照办。因为政府说的就是党说的，党说的就是毛主席说的，不照办就是反党、反社会主义，以此类推，也就是反对毛主席。自从毛主席也和北京市民一起参加十三陵水库义务劳动的大照片在《人民日报》头版头条上刊载了出来之后，踊跃参加义务劳动的人就更多了，劳动的热情也更高涨。

舞校全体师生也不甘后人，踊跃地报请“参战”——加入到建设工程行列中。

站在建坝的位置，居高临下望出去，斑斑点点的人如星辰般散布在高高低低的由土丘构成的宇宙之中。人在那里，像蚂蚁一样任劳任怨勤奋地做着最基本最简单的工作——挖泥、运土、传砖……那些天不管日晒雨淋，无论白昼夜晚，十三陵水库工地上永远是晴空万里的艳阳天。工地上一片旗海，一片人海，此起彼落的打夯歌，挑扛东西时发出的嗨嗨声，挑战时的嚷嚷声，推单轮板车发出来的吱呀声，赶驴马的吆喝声，锣鼓声和人们的笑声，全交织在一起。当时我被整个的气氛所感染，竟能一鼓作气，顶住工作许多小时，虽然熬夜也把双眼熬出血丝，但丝毫也不觉困倦。我们不参加义务劳动时就作义务演出，为修水库的

1958年舞剧《人定胜天》中的“甜水”。后排左起：陈丽汶、孙伟新、江青、周志薇、周霭美、卢敏。前排左起：陆之中、周元、沈元敏、陈蓓娜、满苏荣。

“义勇军”演一些打气的作品。例如把原来东北“二人转”的小调，由原唱词“初一到十五啊，月牙儿出在正东”改成“生产大跃进啊，万民齐欢腾哪”。就这样，眼看着工程日新月异，人们发挥了排山倒海的力量，在短短的日子里，就把十三陵水库的大坝修筑起来了。那种安慰和自豪，相信每个参与者和我同样是拥有的。

舞校趁热打铁，以“总路线”——多、快、好、省的精神，在短短的几天中，赶排出了以十三陵水库建设为经纬的一幕二场舞剧《人定胜天》。基本上此剧是集体创作完成，我在舞剧第一场中扮演了遭水灾而丧生的孩童，第二场中扮演水库里柔蜜的“甜水”。当时凡是参加《人定胜天》的人都夜以继日地泡在排练室中，夜以继日地不断反复排练、修改、再排练、再修改。在当时大环境的感染下，似乎每个人在心境上都比较豁达舒畅，因此《人定胜天》在编导手法上非但有气魄，而且在象征手法的应用上亦有神来之笔，颇有中国泼墨画的趣味。

水库落成典礼的那天晚上，万千首都民众聚集在十三陵，五彩缤纷的吉庆烟火，在夜空中喧笑欢舞，心花怒放的人们在大坝顶上欢唱。我在舞校临时搭起的台上，参加了《人定胜天》演出。水库的建成和作品的诞生，自己曾经奉献、参与、投入过，是真正的一分子。所以一直到现在我还对“人定胜天”念念不忘。

四季青“人民公社”——

北京舞校属于艺术院校，在上政治课时，必须“对症下药”，重点学习毛主席一九四二年《在延安文艺座谈会上的讲话》。文艺不能脱离生活和群众，是那篇讲话的宗旨。舞校学生也必须“下放”到工厂，到农村，到实际生活中去。

一九五九年冬天，舞校分配到北京郊区“人民公社”中，进行劳动思想改造。那年我十三岁，在三甲班，全班“下放”到四季青“人民公社”一个月。提出的口号：要与劳动人民“同甘共苦”，因此规定三不：不许私带零用钱，不可自备副食品，不准带舞校的“骄”、“娇”二气。

我和另一女同学被分配到一家贫下中农家。在这一个月中，我们要带着三“不”和这家人三“同”——同吃、同住、同劳动。这两口子有三个孩子，大的十来岁，小的五六岁，再加上个老奶奶。据说男主人因为家庭成分是贫下中农，于是当上了“人民公社”生产大队长。刚去时我觉得他们对我们并不欢迎，似乎是派来白吃、白喝，瓜分他们仅有的一点点赖以维生的食物。

到农村去之前，在政治课上专门学习了“人民公社”的特点和优越性。从我记事起，一直被灌输的思想是：占全中国人口比例绝大多数的贫农和下中农，由于感激共产党将他们从悲惨的被剥削的世界中解救出来，所以他们的政治觉悟高，阶级仇恨深，全民皆知的《白毛女》由电影到舞台剧就是最典型的例子。我在幼稚园时，常绑着扭秧歌的红绸带子，边扭边唱：

1949年，三岁时在幼稚园扭秧歌。前排第二位江独青，末尾是童年好友魏懿静。

太阳一出满天红哟，
孩子妈妈来嗨哟，
我们都是那庄稼人哟，
多亏那个毛泽东那么嗨哟，
嗨嗨哟，嗨嗨哟，
多亏那个毛泽东那么嗨哟！

我住的那家人，男主人从不和我们说什么，可是老奶奶却是一肚子怨气，在她嘴里嘟哝的全是“日子一年不如一年啦！人啊，没个奔头哟！”……我心里开始嘀咕：她家是三代贫下中农，政治觉悟高的都这样想，那么其他的农民就可想而知了。我想证实一下所受的阶级教育“忆苦思甜”的座谈会中我所听到的是不是真的，于是找了个机会问：“老奶奶，您老人家在解放之前是不是比现在还要苦呢？”“什么解放前、解放后，我们老百姓不理这档子事儿，只要有个三顿，有顿干的吃也就可以了。”然后老奶奶用干瘪的手拍着自己的肚子，凑到我耳朵边说："人不为这个还为啥呢？你懂吗？"我只能叹气笑笑，开始对我以前所听到的宣传有了怀疑，但不敢和任何人谈。那时候，家族中亲友的遭遇和自己的生活经验，已经把我磨炼得开始老练起来，我需要保护自己，不能随便乱说话，以防"祸从口出"。

整整一个月，我们鸡叫起床（约莫五点钟），用井里打上来的冰水刷个牙，擦擦眼，就到地里干活儿去了。冬天是农闲季节帮忙施工积肥，要不就去倒翻大白菜。要干到太阳老高了（约莫九十点钟），才能去公社食堂喝第一顿，不能用"吃"而用"喝"字，是因为稀的程度到了把大勺放在锅里，"咕咚！"锅勺就沉到锅底了。碗一放又要继续干活，但人还没有走回到农地，我已经开始觉得肚子饿了。直到太阳下山（约莫四五点钟），才收工回家，我顾不上讲卫生，一收工就直奔食堂，等着开第二顿饭。主食顿顿千篇一律，是用少量玉米面、大量白菜帮子掺和在一起做的窝窝头，窝窝头里玉米面用得少到几乎捏不起来。一开饭我就狼吞虎咽地吃起来，一口气可塞下两三个松软的窝窝头，还拣大的拿，生怕社员看见，嫌我吃得太多了觉得心痛。副食永远是咸菜疙瘩和面上漂着一层菜虫的酱油白菜汤。刚开始，我一看见那一层虫子，人就发麻反胃想吐。后来也惯了，喝虫汤时就像喝温水泡的茶那样，先用嘴吹开漂在上面的一层茶叶，然后抿着嘴喝，这样茶叶就不跟着水一起喝下肚了。而农民们连看也不看一眼，一面把汤往肚中倒，一面说："菜虫营养价值高，管保不碍事儿。"天一黑大家就准备上炕睡觉，上炕时我已经又觉得肚子开始饿得咕咕叫。加上白天干了一整天负担不轻的体力劳动，疲劳加上饥饿，我根本连说话的力气都想省下来。乡间柴火很紧张，白天炕是凉的，到晚上睡觉前才舍得烧热。快到早晨时炕已经凉了，我经常被冻醒。我和我的同学盖着自备的棉被和他们一家三代六口人，挤在一条长炕上睡。我要等灯熄了才在被里脱换衣服，老奶奶老笑我“作怪”，而这家人好像旁若无人。日子久了，我在炕上和孩子们打闹一阵才睡下，主动地帮他们抱柴、打井水、清扫院子和喂鸡，在欢送会上，队长（我的主人）表扬我没有城里人的臭架子。

临别欢送会时，公社食堂里包了纯白面的白菜猪肉水饺，我吃得饱到腰都直不起来，嘴还馋。我们也表演了几个节目，作为答谢。走前我把偷带去的一些水果糖，全塞给了我住的那家的孩子们，看他们兴奋得翻筋斗，令我心酸，也感到无比的愧疚。因为我做梦也绝不会想到，当我们在三餐饱饭之后仍然配给营养品的同时，就离北京不远的农村，农民早出晚归，在天寒地冻之中，日晒雨淋之下，如牛马般辛勤地工作，年年如故，月月如是，日日如此，结果换取的还不够一天三餐的温饱，长期地生活在半饥饿状态中。

小时候，家里的老人看见我在吃饭时米粒掉出来就会吓唬我：“糟蹋粮食，伤天害理，雷公要劈的。”所以一到下雨我就担心会闪电霹雷，赶快钻到床底。老人们常念叨的“一粒米、一滴汗”，也是我“下放”到四季青人民公社后，才真正地明白。

在写此章时，太多的回忆和联想，使我不禁要自问：“是什么理由促使我对北京舞校那段岁月如此珍惜，不可忘怀？”比较起来，我在那里住读仅仅是将近六年的时间，而在台湾从事电影工作几乎是七年。一九八〇年重回北京，一九八九年再见台北，都像“苏武牧羊”似的隔了遥远的年代。两岸同样的都是中国的土地，两边住的也都是黄肤黑发的同胞，两地也都有我人生中许多珍贵、美好的“第一次”，但是“归”时，那种心情和感受在程度上却有很大的差异。

有些人问我“厚此薄彼”的问题，也有人指责我“偏心”，言下之

1980 年 8 月，江青第一次又回到母校北京舞校。

上图右起：班主任柯显瑶、沈元敏、江青、王薇。

中图右起：陈泽美、江青、张予懿、宋恂如。

下图：同班同学们举杯欢迎江青（戴丝巾者）。

意是“墙头草，随风倒”，因为大陆在国际舞台上举足轻重的程度比起台湾要重要。虽是事实，但是自己难道真的是一个势利的“风派”人物？夜深人静时扪心自问，我无需自欺，欺人的话只需要对人讲。思来想去归根结底还是“人”的因素导致的。

在北京的年代，我是一个普通学生，过着社会上和我年龄相仿的学生一样的日子。平时挤搭公共汽车，站在小摊边上喝碗香辣的豆腐脑，钻在人堆里看热闹，下到矿坑里跳舞，半夜里在街上捡破铜烂铁，卷着裤管光着脚在农地里拔草，与一家六口挤在一条热炕上……那不算短的六年，我没有仅仅只是关在学校和剧场的象牙塔中，而是投身到生活的汪洋大海里，接触到了社会中各个层面，与活生生的普通人有共鸣，与他们的喜怒哀乐是一样的。由于自己是属于这个时代、这个社会的一分子，我有归属感。

在台北的年代，第一部影片《七仙女》还未上演，我已经成了万众瞩目的“明星”。因为怕别人指手画脚，当动物一样评头论足，在台湾七年之中，我没有乘搭过一次公共汽车，外出逛街看电影也要避人耳目。平时的生活范围，除了家就是摄影场，要不然就是和宣传影片有关的拍照、登台、开记者招待会，再不就是繁忙的社交活动——参加影展、筹款、义演义卖、剪彩、公司安排的晚宴应酬。虽然我有些朋友和几位相处得融洽的同事可以聊天，但那毕竟不能构成我已经体验过所理解的真正的“生活”。我是养在玻璃缸中的一条金鱼，生活在透明的自来水中，游在人工建造成的用卵石、假山、水草构成的世界里，呼吸的是特制气管输进的空气，我失去了在汪洋大海中遨游的自由。想来惭愧，在台湾七年却连日常生活中用的闽南语一句也听不懂，与社会、与当地人生活上的距离和接触面由此可见一斑。

1989 年，江青回台湾演出。酒会上与旧友林怀民合影。

离开台湾十九年后，江青在台北和影界老友重聚。左起：刘引商、林福地、高阳、江青、郑佩佩、归亚蕾、陈来奇。

六十年代，成了明星之后，影迷索取签名。

一九八九年到台湾演出，见到影剧界的老朋友们还笑谈起：台湾大学后面的面摊子上有人请江青在那里吃了碗牛肉面，江青就被“打倒”了（指结婚了）。当然也不全然如此，但是过一个正常普通人的生活确实是我那时最渴望的。

使我遗憾和悲哀的是，原来“下放”到生活和社会中去是一个健康而又正常的教育，尤其是在中国社会现实情况下，城乡之间生活条件上的差距，以及劳心者和劳力者在社会地位上的悬殊。如今过了这么些年，“下放”这两个字却给了人们另一个印象，“上山下乡”、“五七干校”、“劳动改造”，全都成了专门惩罚社会罪犯和镇压异己的手段。

无论怎样，我一直庆幸自己曾经有机会，在那个时代和生长在故土上的平民百姓共同生活过那些年月，真正的生活帮助了我的成长，丰富了我的人生，而且使我开始了解和懂得真正的中国，真正生长在那块厚土上的“人”，究竟是怎样过日子的。

之三

将要迈进六十年代时，中国开始了三年“困难时期”。全国主副食品供应都空前地紧张，就连北京，排队的程度到了大家根本不问卖的是什么，只要是吃的见队就排。

那年我开始了第四年的学习。舞校也取消了学生营养补助。政府规定：城市居民按照年龄、性别、劳动量的大小实行粮食定量制。从事舞蹈者，由于体力消耗量大，所以采取了中间偏高的定量标准。

开评估粮食“定量”班会的开场白，是班主任在全校动员大会后再做一次说服工作，要大家与全国人民同甘共苦，帮助国家渡过难关，并要求每个人在“我为人人”的精神指导下，实事求是地自报每月所需粮食用量，最后由全班同学一齐做评审员，以表决方式通过“定量”。班主任强调：自报粮食定量的态度，表现了个人政治觉悟的高低，因为这是你在国家紧要关头中是否合作的具体表现。当班主任要大家自报定量时，一反平时开政治时事讨论会时大家争先恐后举手发言的状况，众人眼睛都朝下看，全课室变得鸦雀无声，因为肚子究竟不是嘴巴，唱不了高调。就在这令人难耐的静寂时，有“蜂腰”之称的女同学张予懿软软的京片子在空中响起：“我给自己一个月定量十八斤，大家觉得合适吗？”全班同学一阵骚动，因为她定的量比政府批准给舞校最低标准还少了五斤。头一个开口的人，居然有这样高的觉悟，这么低的定量，往下的人就更难自报了。于是这个“定量”会开得磨磨蹭蹭，到打吃晚饭铃还没开完，最后还要利用晚自习的时间继续开下去。我给自己定了二十三斤最低标准，但全班同学评审时反而给我追加了两斤，当然我也就不必假客气推让了。

那段困难时期吃得极简单，菜汤和酱咸菜是主要副食品，主食大都吃杂粮，非得等到逢年过节时，才吃得上白米、白面。越没吃的就越想吃，似乎后来在不上课时，脑中唯一的念头是：何时才能痛痛快快地吃一顿饱饭？越想就越饿，我这才体会到，北方农民口中的“饿得慌”是怎么个滋味儿。

一向不会过日子的我，时常寅吃卯粮，上半月花粮票很阔气，到月尾时就要勒紧裤带了。后来自己硬性按日平均分配，连大月、小月都斤斤计较起来，当然最爱的是二月。在香港的母亲也寄些奶粉、砂糖之类给我补助。但是，我不希望给人养尊处优的印象，所以回信表示不需要。母亲揣摩得出我的口是心非，偶尔仍然寄食品来。我收到时也只敢在夜间熄灯后蒙在被中吃，饿极时可以一口气吞咽下一大罐拌了砂糖的奶粉，吃到恶心才肯住口。

一九六〇年，四年级下半学期，我面临着被迫停学的危机，原因是我的脚弓塌了下来，内足踝骨刺突出。“劳损”的毛病是由于站立时重心偏向于脚内侧导致的。骨刺突出的那一块青紫泛红，一不留意碰到，就会针扎般锥心透骨地痛起来，站久了脚心也会酸胀得抽筋。去了中医研究院和友谊医院做各种针灸和理疗，疗效不高。本以为暑假休息了一长段时间会复原，哪知五年级开学后不到一个月故态复萌。班主任找我谈话，要我考虑转入普通中学，可以无需经过考试保送入学，决定之前我可以暂请长期病假回上海。

我嚎啕大哭了一场，别无选择地离开了，但走时除了平时需用的简单衣物，其它的书籍、日用品我全留在学校储藏室里。虽然当时无一人相信我有回校继续习舞的丝毫可能，但我相信：我一定会回来！

在上海的几个月，我遍访名医，同样的意见：你再跳下去，搞不好要成残废或绝对不适宜继续舞蹈专业。但我一定要继续舞蹈下去，这个坚定不移的意念，终于使上海最负盛名的跌打医生石筱山，接收了我。条件是不许怕疼，而且要自己在家坚持做他专门为我设计的练习。一个星期我要去医生那里三四次，早晨三四点钟就得在诊所门口排队轮挂号牌，去晚了会轮不上。看医生时每次总是先做推拿，推拿时医生好像拿人不当人，我的腿脚好像是一团面放在面板上，搓、拉、捏、敲、甩，就差切了。虽是深秋天转凉了，可每次我都疼得全身湿漉漉的，要双手使命地抓住床沿，咬紧牙根，才能强忍住叫喊。“推拿”做完之后，就是将双脚平放在一盆烫沙上，做让脚弓一提一落的抓沙练习，以增加脚弓的肌肉力量，练习做完才算结束了当天的治疗。医生同时要我在家每天早、中、晚练习三次，而抓沙次数逐次增加。那段时间我每天除了吃饭、睡觉、看医生，就是坐在沙盆边抓沙。这种一脑门心思只在两只脚上、别无他念的日子似乎过得也很快。

几个月之后，脚内踝向外刺出的骨头不那么突出了，脚内侧不再肿胀充血，可是塌下来的脚弓是提不上去的。由于抓沙的练习，脚弓开始能负荷身体的重量。

病情有了起色，我马上写信去舞校报告。得到了医生的许可，一九六一年初春，学校开学时，我又回到了北京，将先前留在学校储藏室的“家当”，一股脑儿地又全搬回老窝中，还暗自得意自己有“先见之明”。

回校后我信心十足，也能稳住神，知道练功的事绝不能莽撞强求。为了防止旧病复发，又想在短时间内恢复“基本功”，所以在练功时采取少量多次的方法，而且一切从头做起，先练习最基本动作，再练习单一简单的跳转技巧，并时刻检查站立的重心和感觉脚弓提起的状态。上

1959年舞剧《黄继光》中，高大琨老师扮演志愿军英雄，江青与几位同学参演。左起：陈蓓娜、李仁顺、周元、江青、高大琨、安仲亚、邓元森。

文化课时，我一坐下来就脱鞋，一面听课，一面脚就在下面抓毛巾（“抓沙”同样的练习）。就这样像幼童学步一样，一步一步地我又向前走去。舞蹈教员看我这样努力，不但在课上鼓励我，课下也来辅导我自习，使我在短短的几个月里不但恢复了体力，也追上了同班同学的程度。

在课堂上，我跟上了进度，接着就加入了实习演出课的排练。此时我已进入到饰少女角色，如：《共饮一江水》、《新疆手铃舞》、《游春》，及舞剧《鱼美人》海底一场中的“珊瑚”，等等。

一九六一年秋季开学，六年级开始了，课堂上的内容就和毕业考试相结合，同时学校里开始要我们对毕业分配问题做好思想准备工作。那时班上所有的同学在毕业分配的讨论会中，都异口同声以宣传标语中的口吻表示：“到祖国最需要的地方去！”但私下谈心时，普遍对当教员兴趣不高，都想趁年轻先当演员。至于心有所偏的工作单位和地点，似乎无人愿意不识时务地吐真言。

近六年来，同班同学，同吃、同住、同学习、同劳动、同开会又同台演出，每天都生活在一起，彼此之间对个性、习惯都很了解，关系很亲密。此时，大家开始意识到“各奔前程”的时刻不远了，因此班中呈

1958 年，天桥剧场后台，江青（站立者）和刘友兰穿着《鱼美人》舞剧中珊瑚舞服装。

现着恋恋不舍的和睦气氛，谈话的内容也会涉及个人的抱负和前途。学校有不成文的规定：学生阶段最好不谈恋爱，一个“最好”使我们这班老实听话的学生，比别班起步晚。然而到了最后阶段，大家感到即将挥别学生时代，所以一反常态，将以前藏在纱幕后隐约的恋情，现在也任微风将纱幕撩起。

而我所面临的却毫不带有儿女情长的浪漫成分，摆在眼前的现实问题是：只要我一毕业就失掉了学生的身份，将来再也没有可能用港澳侨生的身份，在放寒暑假时回香港探亲，而需要备有公安局签发的“人民出入境许可证”，要得到许可证难于上青天，申请手续等上八年十载实属稀松平常。“等”还算小事，大事是一旦提出申请，申请书白纸黑字马上可以在大小“运动”中成为以下几点罪名的证据：（一）对社会主义建设态度不积极。（二）贪图资本主义物质享受。（三）不能与家庭划清阶级界线。同时马上会不被上级信任重用，具体表现：被长期冷藏——重要的角色，出国演出任务全轮不上；而打分评等级、分房、加薪也是名列榜尾。这一切都是有例在前，我看得多了，所以当时打定了主意，为了自己的前途，毕业之后永远不会向公安局提出赴港探亲的申请，我想将来父母兄弟可以回来看我更好。

我意识到六年级的寒假，将是我最后一次赴港探亲的机会。一九六二年初，我得到了学校的同意，利用学校短暂的寒假，匆匆赶到了香港。我已经有两年没回家了，两年中三个弟弟的变化真大，一下子高大得使我初见时都不敢认了。大的两个上街时可以替我当小翻译（广东话），最小的才三岁，看到我感到陌生，羞涩地不肯让我抱。我虽然珍惜这最后一次在香港和家人团聚的机会，但心里却惦念着那即将迎接我的毕业考试。所以每天仍然坚持练基本功，还在自己房中仅有的空间里比手画脚，揣摩一些自己感到完成得不够理想的动作。

夜间我听见了父母为我去留问题激烈的争吵，以后他们之间连续不断地摩擦，使我开始惶惶不安起来。三个弟弟也敏感地知道，家庭中的不协调全都因我而生，情绪也显得不稳定。原来嘻嘻哈哈的家，一下子变得和当时香港冬末的气候一样——灰蒙蒙的天空中经常飘落着毛毛雨，街道上永远是不干的水渍。即使在室内，潮湿、阴冷的空气使天花板、墙壁和地板全是湿漉漉的，就像妈妈和弟弟们的几双眼睛。我躲进了在家附近的电影院中，坐在电影院黑暗的观众席上，眼睛盯着画面，广东话和英文我完全听不懂也没关系。在那里，我可以避掉阴沉沉的天上飘落下的毛毛雨。

有一天，我从电影院回家，母亲单独在房中，她终于开口了："你想过没有？""想什么？"我反问，语气中明显的是："有什么好想的！"于是母亲把我去留问题将给家中带来的影响和障碍都分析给我听。所有的问题归纳起来讲，最大的症结是我的去留，直接影响到弟弟们将来出国升学的问题上。那时父母有心安排几个弟弟赴西方国家攻读，当年一提到共产党都"谈虎色变"，虽无明文规定，但只要是有直系亲属仍在大陆，在申请出国时就会遇上诸多刁难。我大弟已面临出国升中学，而我在大陆确实是他办签证上的障碍。因此我的去留是直接地牵连到自己最亲近的人的前途和命运。母亲并没有要求我马上作答复。

十六岁第一次挑重担，把我压得睡不安，吃不下。扁担挑着的是一条条由血缘、孝道、义务、责任……编织成的牢固的筐子，筐子里盛载着叛逆、信誉、道义、学业、前途、理想……在农村我挑过泥、担过水，肩膀上压出血杠子也不叫痛，但这样的重担我挑不起也担不下。唯一想到的出路是：一逃了之。逃回我习惯的摇篮——舞校去，任它去荡、去摇。

我把走的决定告诉了父母，得到了我一生中唯一的一次严厉的惩罚。父亲几乎是咆哮着告诉我："我要和你脱离父女关系。"母亲只静静地说了那么一句语轻而言重的话："难道你真的这么自私？"我承认我自私，但这个"自私"又怎么改呢？逃吧！这是我唯一的出路。

可是我的回程票不见了，旅行证件也不翼而飞，我不敢贸然追问，以为又是自己一向的粗心大意做了"冒失鬼"。家中无人在时，我翻箱倒箧遍寻不见，我明白了，但不敢当面顶撞父亲。于是我开始不起床，不出门，不睬人，不吃饭，整天躺在床上，以实际行动表示抗议。一系列的想法在脑中盘绕着：

"翅膀还没硬，就先飞了。信义呢？"我在不耻自己。

"我自私到了残酷的地步！"我在责怪自己。

"过河拆桥，国家困难时期的逃兵，知人、知面、不知心……我的同学、老师、朋友们一定会这样想。"我在担心着。

"为了我惹出的祸，爸爸、妈妈会为此事分手吗？"我在害怕。

"六年来舞蹈课上流下的汗水，盛装起来，怕也有几担了吧，就这样白流了？”我在替自己惋惜。

“如果我一去不回头，弟弟们出不了国就学，长大后会不会原谅我呢？”我在猜测。

“舞蹈、舞台、前途、事业，我能放弃吗？”我在问自己。

“我所熟悉的生活、家乡、土地，我能离开吗？……”我再也不敢也不能再想下去。

躺在那里一开始的时候越想越多，到后来，脑中一片空白，头越来越沉、越来越晕，心上的重担也越压越重。

终于，我偷偷地起床写了封信回校，说明需要补领新的旅行证件。那时学校寒假已经过去了，就是回校也是迟到，但我不是逃学，更不是逃兵。

母亲见我实在太任性、倔强，怕我伤了身体闹出大事，偷偷地在父亲的保险柜中取出我的证件，无可奈何地告诉我原车票已经过期作废，她会根据我打算走的日子再买一张。至于家中的事，她自己另作计议。

几乎同时，一位陌生人在我家大门口，问清楚了我的名字后，神秘地往我手上塞了一封信就离开了。我感到事有蹊跷，转身回房打开看。信中要我在某日、某时，到某地点去，有人会安排协助我回校，并写明除随身所需衣物之外不要带行李。我又猛地想起几年前做“屈蛇”的经验，不由得全身打起寒噤。

现在我终于又可以回校了，可是我却害怕起来。

我害怕，怕我必须公开坦白寒假后迟回校报到的原委。

我害怕，怕我不会也不能够撒谎。

我害怕，怕学校里在我讲实话后要我表态：坚决和家庭划清界线。

我害怕，怕我做不到，我爱他们。

我害怕，怕我过不了关，那么前途呢？

我害怕，怕我的弟弟们将因为我而不能出国升学，而造成他们和我的舅舅们同样的命运。舅舅们入学无门是因为不能改变的家庭成分，而他们却是因为可以改变的我。

我害怕，怕我母亲湿漉漉的眼睛，父亲灰蒙蒙的脸。

我害怕，怕我……

左我也怕，右我也怕，上也怕，下也怕，怕来怕去，我究竟怕的是什么？难道怕的是自己？

一年级经受住学业的压力和生活的孤苦我没逃！

困难时期，长年累月地生活在“饿得慌”的状态下，我没逃！

脚疾导致面临退学改行，我咬牙顶过来了，我没逃！

现在呢？

某日、某时，我没有到指定的某地点去和不知姓名的某人碰头。我又逃进了电影院，坐在黑暗的观众席上，眼睛对着看不懂的画面。是的，现在我承认我逃了。“我算逃兵吗？”我问自己，回答的只是哭声。

这些年来住在国外，往往会碰到别人问起：“什么原因促使你逃离中国？”“逃”字一出，总使我感到刺耳，有时想来还会引起一阵心酸。逃字连带下去的无非是“逃生”、“逃难”、“逃避”、“逃跑”、“逃犯”、“逃兵”、“逃学”、“逃税”、“逃亡”……给人的直觉永远是一个贬义词，与不太平、不光明磊落、不光彩、不争气……诸如此类的形象有关。这些年来，我足迹几乎遍踏世界各地，见到的是：凡是有人的地方就有中国人。没有人会说自己是逃离本土，而用“移民”两个字，但移民背后的实质呢？我所接触到的中国人，不管是旧华侨或新移民，也无论各人在从前和现在从事何种工作，要是问起离乡背井的原委，虽然人人都基于不同的理由，但归根结底还是和“逃”分不开。

多少代了，中国人仍然“逃”不了不民主的政治环境和不和谐的社会给人们带来的命运。如果人在属于自己的土地上，掌握不了自己的命运，无法自由自在地呼吸，当然必须更换环境，移到另一块原不属于自己的土地上去重新适应、生存。移植树木、花草、肾脏、眼角膜……都是一种艰辛复杂而又痛苦的过程，但移植后的最终又将是怎样的呢？我不知道。

命运本来就像摇篮，永远在那里摇呀摇，摇到？……也许，这个问号是我今生永远都无法回答的。

两镜之间

入镜后主演的第一部影片《七仙女》在台湾上映时的盛况。

两镜指的是镜子与镜头。虽然两者都是用光滑、透亮且易碎的玻璃制成的，但两者之间其旨甚异，其意甚远。镜子是真实的对照，对自己看时可以顾镜自怜、自恋、自责、自嘲、自欺、自爱……而镜头（不管是摄影机或照相机）是假眼对你看，它可以任意放大、拉远、推近、缩小、切割、局部、特写……

我的生活一直有“镜缘”。到目前为止，在我的事业中，镜子与镜头，虽然扮演了两个重要的角色，但一字之差，带来的却有“差之毫厘，谬以千里”的意义。从镜子迈向镜头再回到镜子，都是有段历程的。

十六岁那年，离开了北京舞蹈学校教室中那些熟悉的大镜，不能每天看到镜中的自己，我失落了。照不到自己，也就看不到路。打十岁上舞校开始，我就习以为常地在练舞时照镜，六年以来对镜练舞，已由习惯成自然。在镜中，我看到了自己舞姿的美与丑、重心的正与斜、动作的优与劣，一切全都真实地摆在眼前，逃避不掉也躲藏不过自己的双眼。只要练舞，我就会自然而然地紧盯着镜中的自己看，这样目不斜视，心不遐思，我就能稳稳地掌握住重心，把握住平衡。一念之差——留在香港，镜子抽离我的眼前，突然眼前出现的是重重机关布景的人生舞台。在台上我弄不清楚自己扮演的究竟是何许角色？五光十色炫目耀眼的香港太平山的灯光，像舞台上的聚光灯直射向我的脸，尚未训练有素的双眼，看黑压压的社会就像在台上看黑压压的观众席，分不清隐藏在观众席之中宽、扁、长、尖、方、圆的嘴脸。于是我闭上眼睛，变得像一个盲人，连上“舞台”摸索的勇气和愿望都没有，当然更不可能手舞足蹈了。

我没有勇气继续练舞，为的是怕睁眼看镜子，照一照只会看见那丢弃的岁月，荒芜的躯体，遗失了的朋友，捡不回的梦想，追不到的……

精神上的孤苦无依，使我每天生活在昏睡状态中，对一切采取自暴自弃的态度。内心对周围环境的反感使我不屑学广东话，对“殖民地”的厌恶感也使我对学英文有抵触情绪。家里让我考虑再重新当学生，学哪一行呢？英文连香港小学程度都跟不上。读中文学校，香港教员也一律用我听不懂的广东话教课。试着去念“岭英中学”，付了一个月的学杂费，结果我只去了三天就开始“罢课”了。半年下来，母亲看我这样不振作，依然是在无所事事的状况下，整天躺着瞪眼朝着天花板，十分担心，一再告诫我：“你才十六岁，要学什么都还不晚，对自己的将来有什么打算呢？”我从来没有想过将来，我只觉得血缘和亲情这些传统的道德观是紧箍在我脖子上的枷锁。我怨恨自己无力挣脱枷锁的懦弱，为此我平白无辜地牺牲了自己的“将来”。虽然这是违背了自己意愿的选择，但最终的选择是自己做的，能怨谁呢？憋着怨气，使我在家时甚少开口，怕满腔怨火喷出来会灼伤我爱的人。我的脑子和我停止练舞的四肢一样开始变得迟钝起来，越不用就越呆滞，就像呆滞不动的空气，空气纹丝不动也就扬不起火势。

懒散的生活使我感到厌倦疲乏。一天，上海旧日的友人陈又新夫妇来家中做客，他是影剧界资深的演员，闲谈中他告诉我，香港邵氏电影公司办有“南国演员训练班”，正在招学员，也许我可以到那里，一方面学演技，一方面兼职教舞蹈。据他所知，那里有很多新近从大陆出来的学员，大都用国语交谈。于是在百无聊赖的情况下，我去“南国”报了名。“南国”设在九龙旺角弥敦道上，办公室、教室都在同一层面积不大的旧楼里，除水门汀地上放着几张简单的桌椅和吊在屋顶的几条日光灯、电风扇之外，就不见其它的设备了。简陋得出乎我的意料，耳闻邵氏影业机构在香港显赫一时，想当然地以为所属训练班会有一定的规

模，目睹之后，我有些踌躇，但既然去了，也就填了张报名表，写上了履历，缴了照片和报名费。初试我没去，我无心要进影剧界，也没想当舞蹈教员。

几周后的一个下午，我家后门有急促的敲门声，一个女孩在高声地叫：“有没有个叫江青的住在这里？是北京舞蹈学校刚刚出来的……”一听口音，和我一样的上海“国语”。打开门一看，一头乌亮的长发，一张美丽的笑脸：“我叫郑佩佩……”然后像机关枪一样，她把所有的话都一股脑儿地扫了出来。虽然舞蹈她是在业余时间学的，但对舞蹈溢于言表的热情，使我马上对她产生了好感。我请她进了家门，由这次促膝谈心至今，我们的友谊持续了近三十年。

一九六二年同入“南国”，因志趣相投，我们共享过欢愉，也分担过烦恼；后来一系列的巧合，也可称是缘分吧，生活的波浪虽不规则地起伏，我们却同样地步入了影界；我们从影不在同一机构却又不约而同地跨过海峡到了台湾，然后又先后在台湾有了自己的第一个家；后来又基于全然不同的理由和心情，但几乎又是先后同时地飞越过太平洋，到达美洲的彼岸洛杉矶。当年在我家后门口的“一见如故”，使我们到现

1962 年圣诞夜，郑佩佩（右）和江青在舞会中。

1966 年，郑佩佩（右）赴台拍戏，抵台时，江青前去接机。

在彼此之间无话不谈。一九七〇年受到婚姻破裂的打击，在台北几乎站不起来的我，收到她找人递来的短短的便条："……我不方便来看你。我到美国后的联络地址是……"一九七一年我在洛杉矶加州大学学英文，一天，一踏进课室发现黑板上赫然写着大字："我在找你！为什么不和我联络？佩佩"。马上抵消了原先令我生气的"不方便"，下课后就和她联络上了。

一九八二年至一九八四年，我在香港舞蹈团任艺术总监，家在瑞典而自己的舞团在纽约，经常来往于三点之间。那段时间，佩佩因主持电视节目，也不谋而合地经常在香港。旧地重逢，不必多说，她干脆就登堂入室搬来我的住处，为的是可以夜半私语。在我离职前主持的最后一次舞蹈晚会上，她被特邀演出我在一九七四年编的第一支现代舞独舞《阳关》。我怀着即将出世的汉宁，大腹便便地在大会堂舞台上给她一遍又一遍反复排练时，不禁忆想起二十多年前我们同入"南国"后，两人在大会堂中先跳《牛郎织女》，后又演话剧《香妃》的情景。

一九六二年在我家第一次和佩佩见面时，知道我是那届"南国"正取学员，没考就取倒也很妙，何乐而不为呢？于是为解闷，当上了第二

1962 年，在香港国际狮子会的筹款义演中，演出《牛郎织女》，郑佩佩演牛郎，江青饰织女。

期训练班的学员。“南国”晚上才上课，白天我和佩佩都游手好闲，正好“南国”要负责国际狮子会的筹款义演节目，我俩一搭一档很快就有了构想：选《梁祝小提琴协奏曲》编排《牛郎织女》，她比我高大，女扮男装演牛郎，我演织女，用训练班上的十多位女孩子扮喜鹊。不到一个月的工夫，节目就排出来上演了。我当然明白是业余水平，但拿当时香港的舞蹈水平来说，倒不算太差。得到了不少的夸奖，并没有使我高兴，倒是排练时期每天和佩佩形影不离，谈天、看电影，走在街上吃炸臭豆腐，冰砖当饭……使我心情开始舒畅些。之后，“南国”开排话剧《香妃》，作为训练班结业演出。我们两人都扮演香妃（分 AB 两组），我还要负责编排香妃给乾隆皇帝献舞的片段。

在“南国”不到一年的时间里，新的朋友和一些能打发时间的活动，使自己在不知不觉中对离开了镜子的事淡漠起来。我、佩佩和另外三个也是同期离开中国大陆的男生，结成了“五人行”，上课排练在一起之外，课余消遣也都约在一起。大家年龄相近，在大陆有同时期的经验，到香港后面对的问题也相同，因此聊起天来也就会有同样的话题和共同语言。最后《香妃》在香港大会堂公演了，我和佩佩分别和在对

1963年，江青在胡金铨执导的影片《玉堂春》中。

方一组里演对手戏的乾隆皇帝假戏真做恋爱了。现在看来，在爱情与性的关系上，总是包含着真真假假、虚虚实实。誓言与谎言之间，坦诚与回避之间，以退为进之间，理智与感情之间，现实与理想之间，爱人与被爱之间，蜜糖与苦果之间，神离貌合——同床异梦与貌离神合——异床同梦之间，总是在互相对立、轮回、抗拒、重叠……而又成为相辅相成的关系。比较之下真情真意比假情假意难能可贵得多，而假戏真做与真戏假做更不可同日而语。这是我一生中第一次演话剧，也是第一次恋爱，“五人行”也就成了“两人行”，或者有时“两对行”。

爱情弥补了破镜，我恢复了常态和往日咯咯的笑声，也意识到光想过去是徒劳无益的，需要振作起精神往前看。我仍然对香港无法产生好感，决心利用业余时间学英文，做好离开香港的准备。就在报名念易通英文补习学校后不久，“南国”通知我，要我去邵氏公司拍胡金铨执导的黄梅调影片《玉堂春》，扮演戏中卖唱又卖笑的妓女。“南国”的同期学员李国瑛（艺名李菁）、倪芳凝（艺名方盈）也被同时选上。当时邵氏把拍这场戏作为南国训练班的一门实习课，到后来我才懂得完全是为了可省下一笔工资的高招。初入香港社会，我当然不懂生意上的算盘，也就老老实实地当“实习”去拍了几天戏。在舞校时我拍过纪录片，扮儿童在北京天坛公园的大树下捉迷藏，所以毫不怯镜。

正式将我带入影坛的是舞蹈。一九六三年夏末秋初，香港邵氏影业公司开拍新片《七仙女》，导演是李翰祥。当时他被誉为“金牌导演”，头衔得来的原因大概是：他以拍耗资巨大的历史古装片著称，得过几次亚洲最佳导演奖，所导影片卖座率高。《七仙女》是个家喻户晓的民间神话故事，以连唱带做的黄梅调形式拍摄，片中需要编排几场舞蹈，并需要设计和指导演员的动作。我也不知道李导演从哪里听到我是北京舞校科班出身，通过“南国”就把我找了去。在邵氏影城的办公室中，副导演刘易士带我与他见面。他把拍摄的情况大致向我介绍了一下，要我拿了周蓝萍作曲的音乐带，根据唱词把“天空岁月”、“瑶台舞曲”两段舞先设计一下，两天后就要拿出构想来与他再谈。走时刘易士还给我看了《七仙女》主角定妆照，乐蒂饰演七仙女，凌波反串饰董永，两位都是港台影坛巨星。能有机会和“金牌导演”合作，又能指导名演员，我当然乐意做。

回家后自己听着音乐，根据剧情揣摩，想了几个不同的方案，同时还画了一些舞蹈场面的设想。当时我心里一点底也没有，自己从来没学过编舞，又加上是需要符合剧情给电影编排，更使我抓不着头绪。硬着头皮，在摄影场棚中又见了李翰祥，他似乎并没有架子，也没有耐心，见面时好像已认定了我能胜任这项工作。他听了一下我的设想，但没等我解释完所有不同的方案，就迫不及待地把他的想法和要求三言两语讲完，然后就叫我马上准备开始工作了。

为了排名问题，结果乐蒂罢工，仓促之下换上了新人方盈饰七仙女。先拍的是七仙女下凡后与董永“路遇”这场戏，这场戏中七仙女有许多身段动作。在摄影棚现场，我看完导演拉下来的“戏架子”后，马上需要设计出符合剧情需要的动作来，自己先示范，等导演满意了，再依样画葫芦教给演员。记得那次编得得心应手，导演只是偶尔间提出些不同的意见，稍加改动就行了。但是在教给演员时速度就慢下来了，几天之后李导演脑筋一转，干脆就把我这个小老师派上了用场——饰演七仙女。这个戏剧化的“越俎代庖”，实在不是我所意料得到的，我毫无心理准备，不但没有兴奋，反而踌躇起来：我初从大陆到香港，影剧圈太丰富而又五花八门的新闻和宣传，使我和妈妈同样地觉得此圈是“是非圈”、“大染缸”。《七仙女》布景占了两个摄影棚，但戏已经停拍了，公司和导演都催我快做决定。我想这部戏和舞蹈有关，当演员可以发挥自己这方面的特长，在一部戏中又编又演，两者都能兼顾，倒也很好。但是我只肯答应演一部片子，因为镜头对我并无多大吸引力，我仍想出国继续进修，回到舞蹈大镜前去。“南国”的老师和周围的朋友们都觉得这是一个千载难逢的好机会，要我赶紧把握住。邵氏公司坚持，如果我不签基本演员长约，不能拍戏。原因是金牌导演执导，又是饰演女主角，以免公司捧红了新人，新人翅膀一硬要飞或者抬高片酬。没有耐心的李导演像救火车一样直拉警报，公司也一个劲儿地猛催。当时父亲不在香港，妈妈不愿意一个人做主，我自己又抱着仅此一次下不为例的想法。就在僵持不下时，有人出“点子”要我自己出面与邵氏签约，因为那年我才十七岁，不到法定年龄，签约后先拍完《七仙女》，戏完之后就是想打退堂鼓也不会出现法律问题。于是我与邵氏签了基本演员长约。

戏开拍了没几天，因李翰祥将要脱离邵氏自己另起炉灶的事被公司洞悉，双方起了冲突，引起了邵氏公司一场大地震。结果在极短的时间内，李翰祥决定自组香港国联影业公司。既然导演已经脱离了邵氏，我

1963年李翰祥在香港宣布“国联”成立。右起江青、李翰祥、黄也白、邵宝华在记者招待会中。

留在邵氏的意义也随之失去，于是决定退还才领到手没多久的女主角的月薪，取消了原就不被法律所承认的“合同”。几天之后李翰祥找我，要我随“国联”赴台湾，拍他公司的创业片《七仙女》，并且仍然要我负责编舞，照样与凌波分任主角。我欣然答应了，同时也提出了赴台湾拍片的条件：不能打着“反共艺人”的招牌作为宣传我的手段，虽然那时在台湾会是一个最吃香且方便的宣传伎俩。我感到为人的原则是不能过河拆桥，况且我离开中国大陆的前前后后完全与“反共叛逃”无关，我对政治加之于人的无谓的伤害和烦恼，听得越多，看得越多，经历得越多，也越感到厌倦和无聊，不愿再受任何株连。

结果凌波临阵未加入国联，留在邵氏拍《七仙女》。李翰祥仍然坚持原计划——摄制《七仙女》，导演之外任监制。两部《七仙女》同名，同编剧（李翰祥），同作曲（周蓝萍）。这样的电影双胞案在当时是绝无仅有的，所以成了港、台报章杂志上的热门新闻。“七仙女之争揭幕”、“两个七仙女斗法”、“七仙女的对台戏”、“七仙女之战”的标题每天可见。双方在两地抢拍，还赶着抢先上映，因此一面斗拍，一面还斗着做上映宣传。摄制过程中，事无巨细都不断地详加报道，加上加油添醋

1963年12月14日，江青随香港国联影业公司李翰祥（招手者）到台北，下机时摄。（“中央社”提供）

满天飞的谣言，就更加造成新闻的轰动性，使我“运气”地成了新闻人物，报章均以“未演先红”来介绍我。

李翰祥如《七仙女》中的王母娘娘，调兵遣将，用“大跃进”的“鼓足干劲”精神，日日夜夜赶拍，最后以十八个工作天抢先拍摄完成。紧接着赶赴日本配音，并完成一部分的特技摄制。虽然因为拷贝在日本海关上莫名其妙地被扣留了几天，以致国联《七仙女》在演出时间上晚了邵氏的《七仙女》几天，但上映后观众如潮，好评如潮。十七岁初入影界的我，那年被台湾影剧记者选为“最有希望的演员”，在十一届亚洲电影节时，我被提名角逐最佳女主角。关于写我的报道也从“未演先红”改成“一炮而红”、“一鸣惊人”、“一举成功”、“一颗新生的灿烂的星”这一类令我浑身上下不自在的字眼。

最有趣的是片子上映时，一家舞厅在报上刊登广告，一名舞女的名字也叫江青，并标明是“七仙女下凡”来招揽买卖。结果报上用“疑是神仙沦小谪”无聊地来报道这无聊的事。神仙也好，小谪也好，明星也好，舞女也好，我仍然和常人一样地生活工作，我仍然是那个在练舞时镜前流汗实实在在的我。但相机之下、银幕之中、报纸之上，人们对我

电影《七仙女》剧照

上图：江青在影片《七仙女》中。

中图：江青（左）与凌波在邵氏公司《七仙女》中。

下图：国联《七仙女》剧照。左起：江青（七仙女）、杨志卿（土地公）、钱蓉蓉（董永）。

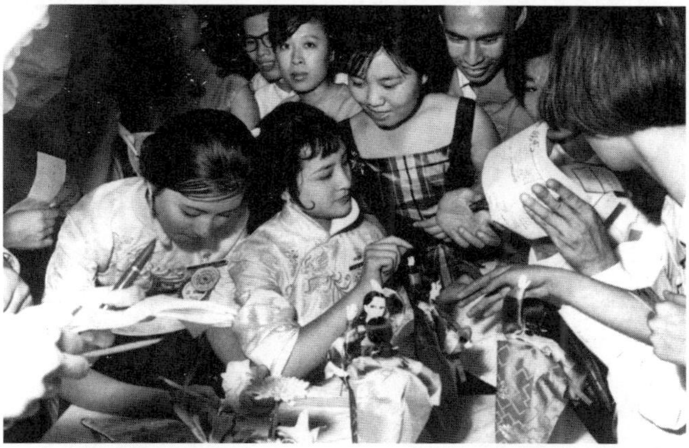

1964 年，江青在台北淡水海滨。

1964 年，第十一届亚洲影展中为影迷签名。

广告月历照（柯锡杰摄影）

隔镜相看，而且往往用“望远镜”、“显微镜”、“放大镜”看，所看到的自然又是另一番景象。

《七仙女》的上映固然使我一夜之间在港台成为万千影迷崇拜的偶像，也使我开始过着生活在云端里的七仙女同样的日子，影片中燃起干冰和一氧化碳后，七仙女足下是烟雾腾腾的世界，她唱道：

“天宫岁月太凄清，朝朝暮暮数行云，大姊常说人间好……”

从镜子到镜头，按照电影术语是“入镜”。一九六三年从《七仙女》我“入镜”，到一九七〇年我“出镜”，中间整整七年。在七年中，我不但习惯了镜头前的水银灯下生活，也习惯了生活在观众的“镜头”焦点之下。

一九六六年，在我进入影圈三年多后，事业虽然在巅峰状态下，却生活在不自由自在的天地中。突然有人使我在感觉上一下子又回到了无拘无束的学生时代。当时除了工作之外，我对其它的生活实在感到厌倦透了，好想有个安乐窝让我栖息，过我喜爱的生活，于是在简直入了迷的两个多月后，我接受了求婚。结婚时，我手上戴的是八十元台币的戒指，但感到自己是世界上最富足的女人。

不料婚后从第一天起到分居为止，我没有过过一天不是负债的日子。刚开始是由于双方没有储蓄，轰动社会的闪电式结婚之后，报纸和外界的舆论对我们的婚姻诸多议论，我也敏感地觉得周围的亲人、朋友、同事、观众也都随时随地拿着放大镜，把焦点对着我的婚姻生活上。有的是善意的关怀，大都则是出于好奇，闲言闲语成了影迷茶余饭后的谈话资料，居然下注作赌：“仙女”嫁给“凡夫”究竟能维持多久？面临四面八方的压力，使他在苦恼之下，不愿再出去工作。不久我怀了孕，拍了两部片子之后，也必须暂时停止拍片。后来，为了扶植丈

1963年，各种镜头下的江青。

夫做导演，自资拍戏，我所得的片酬为了创业的失败、家计和好像我应该是负责无限量地供对方挥霍豪赌而耗费殆尽。债台高筑的日子使我无权挑选剧本和导演，一心只想了结债务，片酬不是在签约时预支了，就是合约的本身原来就是直接抵债的。我在债务和片债中两头受轧。

摄影机镜头我是不怕，怕的是看放映机镜头放在宽银幕上的自己。七年之中我一共主演了二十余部影片，大概数下来，自己看过的不上十部，许多部片子连配音都不肯配，不配音连毛片都可以避而不见，省得三番四次盯着看银幕上令自己生厌的“我”。这种既没有敬业心又不自爱的表现，使我对自己恼火，但又出于一种极无奈的状况。我当时常这样想，在入镜的第一部片子《七仙女》中，我有这样一场戏：牛郎卖身葬父的孝心感动了七仙女，因此甘违天规下凡来以身相许牛郎。而我在生活中却现身说法，明知故犯地出卖了“自我原则”，甘冒在事业上被葬送的风险，但谁能感化呢？

想归想，但那时我已顾不到这些，我镜头的焦点只对着随时随地都要支离破碎的家庭上。现在想来连我自己都觉得不可思议，自己不是那样的个性，怎么会使自己步入那样一个钻牛角尖、死心眼的状况？直到目前我还是回答不出来。其他的事或人，通常对我来说，距离越远、站得越高、时间越久，越看得清楚。唯独这一段日子，越高、越远、越久，我反而越看越糊涂，越想越不懂当时，也越不了解自己。当时旁观者觉得我是中了邪、入了魔似的失去了理智。

痛苦的婚姻，望不到头的债务，繁重的家务和积压下来的片债使我疲惫不堪。当时有朋友打比方说，我是一条牛，而丈夫是牧童，老牛走得气喘喘，牧童骑在牛背上还要吹笛子。我听了心中说不出的酸楚，也真正开始意识到我在他心目中只是一部机器，他未考虑、关心过我的生

第一个家……

活、感情、思想，只当我是一件会工作、操劳内外事务的工具。当时我虽然气喘如牛，但即使对自己的母亲，也不敢喘出声来怕累她伤心，也怕喘气声会惊动了千万双在镜头后张望的眼睛。

当婚姻所剩下的印象只是幻灭、粗暴、虐待时，我忍了，认了命，因为它给我留下了孩子。对于外界对他私生活的蜚短流长以及自己早已司空见惯了的夜不归户，都丝毫燃不起我的妒火。于是在极端茫然和厌倦的情绪下我坐上了牌桌，将自己困在方城之战中麻醉自己。战友除了俞师母（俞大纲老师的太太）、傅妈妈（俞大綵，傅斯年太太）之外，还有胡蝶和周曼华几位老前辈。她们的生活经验和对我的了解，使她们对我有爱莫能助之感，似乎唯一能做的就是陪我散心。牌友还有几个邻居的女眷，我家中的事太“响”了，瞒天瞒地都可以，但是，是绝对瞒不过她们的。

连续打了近两个月的牌下来，心中痛苦万分，我也不明白自己怎么会沉沦成这样子？这时我想到了练舞的大镜，我不想继续生活在银幕之上、观众的眼皮之下。思前想后决心开设“江青舞蹈社”。于是我离开了桌上的方城，大刀阔斧地着手筹备起来，我知道在舞蹈教室三面是墙一面是镜的“方城”中，我可以将自己和墙以外的世界隔绝开来，隔开我不再想见的各类镜头，我需要在舞蹈教室的大镜中找回失去的自己，我极需要有安全感的藏身之所，仿佛那时是我唯一可行的选择。

至今我没有再上过方城，一来自己没有耐性可以坐在那里摸一张又一张的牌，二来我想大概自己在下意识中不想再忆及那段颓伤黯淡的日子。

舞蹈社装修筹划将近一年，我现在不知道当年是不是“镜子”唤醒了我？我醒悟了，勇于伸出钻在牛角尖里的头。抬头望“镜”，看见了自己近几年来在婚姻生活中扮演的角色。我不能再只顾所谓男人的“自尊心”、“事业心”、“野心”，而默认男人指挥女人，男人骑在女人头上，男人吃女人，男人欺侮女人，男人玩女人，男人骗女人，男人糟蹋女人，男人吃、喝、嫖、赌，全都是天经地义顺理成章的事，而女人要作无止尽的牺牲。也没有人再可以利用我性格中脆弱的一面——同情心、好面子、任性，用激将法，一次又一次地使我重蹈覆辙。当然必须承认“恶果”是自己渐渐栽培出来的。利用我的无知也好，纯良也好，现在想来，只能静静地告诉自己是自食其果。

发现果子不但苦，而且对自己有毒害，不继续往下尝，照常理是可以的，但是不再“继续”的代价，付得却是惨痛的。

从开始提出离婚，直到一九七〇年七月三十一日我离开台湾，前后一年多，我签字分居离婚三次。其中的复杂、曲折、戏剧性可以说是匪夷所思，同时使二十四岁的我一下子看到那许多人性深处最复杂、卑劣、自私、险恶、残忍的一面。我所经历和体验的每一刀都刻下得太深，留下的创伤疼了那么久，也直接影响转变了我后半辈子的生活，我当然不可能忘记，也应当无惧、无恐、无虑地把我所遭遇的经历写出

“国联五凤”在国联影业公司大门口。左起：李登惠、甄珍、汪玲、江青、钮方雨。

来。不料写了近两个月的时间，只有纸篓里扔满了的揉皱的稿纸，满了就倒，倒了又满，而每张纸上只有寥寥的数字。每当我准备下笔时，似乎在揭近几年不再去想也信以为已经消除了的伤疤。没料到揭疤的滋味是难受的，不但痛，还要眼见疤下红彤彤、血淋淋的一块自己的皮肉。既然如此，又何必自讨苦吃呢？

一九八九年夏天，十九年之后第一次回台湾，举办独舞巡演。临别前的记者招待会上，一位女记者表示，为了采访我，她查访了当年的资料，现在她代表了许多人，尤其是女性，想问我一个大家最关切的话题："如果不是一九七〇年那件轰动的'婚变'事件，你还会重回舞坛，成为今天的舞蹈创作者吗？"她的"如果"对于当年的我来讲包含着的是："如果"没有那一场自编、自导、自演、蓄意制造成由于第三者介入，导致婚姻破裂而轰动社会的桃色纠纷；"如果"当初我知人知面也知心，不向已分手的丈夫但以为还仍然是朋友，开诚布公地主动谈及在分居后，我曾陷入的那段自疚甚重但又难以自拔，原知就不会有结果的复杂而又多层面的感情而招来横祸；"如果"事发后，当事人没有继续挟持自己的儿子作人质，为了怕离婚的事实真相的暴露会毁坏自身的名誉和事业，而残忍地利用人质来胁迫我也加入谎言者的行列；"如果"我默认承当了一切的歪曲、污辱和中国社会最不能容的罪名之后，仍然能和我的儿子在一起；"如果"不是被当时在我二十四年的生命中两个重要的人——一个是事业上培植我的人，一个是儿子的爸爸，同时左右开弓，为了怕我讲真话，不断困扰、刺激、恫吓；"如果"我们三人都默默无闻，不会应了"人怕出名猪怕肥"这句话，使新闻界有机可乘——兴风作浪，唯恐天下不乱，以满足读者"趣味"；"如果"这不是一个畸形的男性至上的东方社会；"如果"影剧界不是那么现实、无情、

1977 年创作的《深》。（柯锡杰摄影）

冷酷，充满了是非与嫉妒；“如果”人心是肉做的；“如果”我不是“弱者，你的名字是女人”；如果……我沉吟半晌之后，心平气和地回答了这位女记者突如其来、一句问到底的问题：“对于已经发生的事，我从来不做‘如果没有……’的假设，那样，会使我永远回头看，而不会是今天的我了。”

这段于我几乎致命一击的人生经历，和使我突长了十年的心路历程，多年之后直接成为我创作两个现代舞作品的构思来源。

《深》是一九七七年在纽约创作的。舞蹈开始时，演员们从一层一层似帐幕又似口袋的黑色物体中蜕变出来，我饰演的女主角在经过挣扎、恐惧、搏斗……最终，在绝路之上，在无处可遁的情况下，决然地把自己的面具取下来，随之一切妖魔鬼怪消失得无影无踪。舞团在纽约首演时，节目说明中写着：“《深》指深致、深入、深妙、深沉、深奥、深刻、深不可测……多个舞者戴着不同面具，代表整个人内心深处千变万化的多重面……”我在编舞时想表达出的，是经历了心理刀板后所领悟到的：人只有摆脱面具、放弃虚象，要在赤裸裸面对现实时，才能发现真我，消除恐惧，并获得内心真正的平静与安宁。

1982年舞剧《负·复·缚》排练照。(香港舞蹈团提供)

舞剧《负·复·缚》，一九八三年由香港舞蹈团演出。分为四场：一、鱼与熊掌；二、打神告庙；三、游魂；四、作茧自缚。说明书中的剧情简介（钟玲执笔）：“中国两千年来的民间传说和传统戏剧中，飘浮着多少苦海中的灵魂，人往往在两极之间挣扎，鱼与熊掌不可兼得；一边是权势及成功，另一边是真我和良知，结果他出卖了自己，不惜负情忘义，伤害自己最亲近的人。而权势和成功的威力无处不在，求神神不应，打神告庙也无补于事。由人间到天堂，由天堂到地狱。受害者真是走投无路，地府之中也无处申冤，只有永远做个孤苦的游魂。出卖自己的人虽然爬上宝座，尝到权势和成功的滋味，但因为负疚在心，受害者的恨意，却鬼影一般地缠绕他，令他作茧自缚，成为他终身的负荷。”此舞剧开始构思编排是一九八二年春天，回母校给大专班教育系上课，谈到传统与近代以及民族舞与现代舞相互之间的关系问题时，我想以作品来说明它们之间是相辅相成的观念。于是想找一个典型的中国传统故事做题材，在构思编排时，却要舍去一贯讲故事的程式，而以心理活动为主导线来剖析人性。适逢李翰祥导演在北京筹拍《火烧圆明园》，触及了自己对往事的回忆，并联想到已故世的良师益友俞大纲教授，在我离台半年后，因感于我的事件，写了《王魁负桂英》的京剧剧本。于是启发我也借同样的故事作蓝本，在舞剧中，表达个人对这一层“人性”的感受和认知。构思的形成虽属来自个人的经历和慨叹，但也确认具有绝对的普遍性。我强调普遍性，是因为不管过去、现在或将来，也无论肤色、信仰和背景，只要人需要在现实的社会中求生存，“负、复、缚”的现象，是会世世代代地延续下去的。

结果，在文艺创作上对“现代”、“人性”这两个名词均甚为敏感的中国大陆，只排了第一场“鱼与熊掌”，就由于种种不便，北京舞院决定不再继续排下去。一年后我移师到香港排出。我想自身深有所感而创作的作品，总是比较“诚实”而能触及人心。适逢英国诺顿芭蕾舞团（Northern Ballet Theatre）在香港演出，艺术总监看了此剧联排后，当场就约请了我去为芭蕾舞团排，并于一九八四年秋天，在英国伦敦Sadler's Wells Theatre 公演。

母亲在我离开台湾的前十天中，体重竟掉了三十磅。我一生中第一次尝到了绞心地痛的滋味，以前我一直以为“心痛”，只是伤心的形容词而已。精神上我到了要完全崩溃的地步，惊恐、苦涩、屈辱、心寒、绝望……最后连水都喝不进去了，一喝下去就要翻倒出来，只能靠打葡萄糖和吊盐水往下撑。

为了不使自己被打得完全趴在地上，决定逃生——出镜、出境。通过相识已数年的俞大维先生（台湾前“国防部长”）为我在警备总部担保：绝无“匪谍”嫌疑（有人作了置我于死地的诬陷）的情况下，我终于拿到了出境证。一九八九年在台北惊喜地发现这位知识渊博具有慈怀的长者竟然健在。去探望他时谈到了往事，他说：“这个世界总而言之是秀才遇到兵，有理讲不清。”一语道破真相，引起了我无限慨叹。离

1963年，江青表演新疆手铃舞后与时任“国防部长”的俞大维合影。

境前，父母惊异地发现，在我主演了二十余部影片之后，仍没有能力买一张赴美机票，就和我在三年多之前，产前三天，因为无钱付住院费，匆忙回香港娘家一样。在我危急之时他们没有多问一个字，多说一句话，没有责怪只有怜爱，给我买了机票。赶着拍完没收尾的片子，就在午夜之后，拍完了主演的《台北　上海　重庆》最后一个镜头，我从此“出镜”了。当天清晨，拿了最简单的行李走过了“出境处”。留下来本来也无法继续拍下去的李翰祥执导的《八十七神仙壁》，也留下来筹备经年的舞蹈社。走前我到舞社对镜嚎啕大哭了一场，悲的是太多的泪水使我不能像往常一样在“镜中”找见自己。对当时的我来说，镜子本来就是玻璃做的，和感情同样的脆弱。原来完美无缺的大镜用支离破碎的心眼望上去，竟像严冬时节，结满了冰花的玻璃窗。透过细碎的冰花，我什么也看不见，什么也分不清。

不顾自己的前途和命运，当时我只想逃，逃离心碎之地。只知道自己需要去一个完全陌生的环境，一个再也没有人认得我的环境，从头开始走起。离开时我仅剩下一个躯壳，陷于歇斯底里状态中，对三足岁刚过三个月的儿子不敢想也不忍想，想了也没有用也看不见，我几乎失去

六十年代初期，江青（左一）与俞大维、俞大綵、汪玲。（台湾电影资料馆提供）

了思维能力，只知道要失去的都已经失去了，儿子已经失去，再失还能失去什么呢？

道路茫茫，面对着没有亲人、没有语言能力、没有工作、没有经济能力……遥远的完全陌生的国度——美国。

上机前对泪眼滂沱的母亲，呆滞的目光透过老花眼镜直视着我的父亲，无限歉疚地说了我一辈子中对他们说的第一次“对不起”。（我闪电结婚和离婚事件，父母都是由别人口中或新闻上知道的。）弹丸之地的畸形社会风气及环境，使他们饱受压力、打击、困扰、虚惊。收起影圈唯一送我的朋友傅碧辉给我祝福的花环，抹去泪痕，我连头也没回，直起腰杆向停机坪走去，我相信我有自己跌倒自己爬起来的勇气。

现在想来，实际上上机的那一刹那，我又向大镜迈去了。不是吗？当时除了身躯之外，我一无所有，世界上唯独舞蹈，归根结底讲来唯一需要的工具就是躯体，工具还在，除了去运用那本是自己一技之长的舞蹈，用自己的躯体，我也别无选择的余地。

猜想当时在冥冥之中，绝路之上，心灵深处，镜子是存在的，它像一座领航的灯塔在那里闪动着。只是当时在大雾迷漫中，我完全迷失了方向，雾太浓，近在眼前也看不见。等浓雾开始散了，自己才看到朦胧的那一个光晕，就那么一个闪烁的光晕，在我心中像一团火花，已经给我足够的勇气。然后，我就慢慢地往前向着光的方向走去，离光越近就越明亮、清晰，终于，在迷雾之中我重新找回了自己的那座灯塔——大镜。

走啊走，一直到现在我仍然朝着大镜在走下去。

入镜……出镜

摄于台湾乌来的月历照（柯锡杰摄影）

……

这段至今对我仍不感到有真实的自我存在的日子，绝大部分在我脑中已经相当模糊了，有如这段我喜欢的白居易的词：“花非花，雾非雾。夜半来，天明去。来如春梦几多时，去似朝云无觅处。”

一九八五年“江青舞蹈团”在纽约结束至今，每当准备清理时，都有一种难以面对的眷恋情绪，既然“难舍难分”，也就不必强己所难，以免伤神。但目前，我非得把堆得满得已像仓库一样的舞蹈室清理出来，好腾出地方给小弟江川成家。清理时，无意间发现了一只母亲在多年前存放在那里的皮箱，内里尽是些我在镜头前的记录，剪报、“明星”照、海报，折成两半的金马奖……细翻一下，发觉资料并不齐全，仅是我在影剧界前半期——一九六三年至一九六七年“国联”公司阶段的，但至少提供了我由入镜到出镜之间，其中最主要阶段的资料。

加入“国联”，主演《七仙女》，使我从此“入镜”。

第二部由我任女主角的影片《状元及第》，也是一部古装黄梅调影片。六十年代初、中期，古装黄梅调影片，像流行性感冒一样，在港、台、东南亚地区蔓延开来。无奈影片的商业性，使影片制作的内容和“流行”往往需要步调统一。

《状》片仍由李翰祥执导。片中我饰演因误会备受丈夫凌辱的贤淑妻子——名门闺秀李秀英。剧是出自传统戏名作——《碧玉簪》。这部片子拍摄时间上很充裕，所以一切精雕细琢。演员方面，特别邀请了当年影坛巨星周曼华东山复出，饰演我的母亲，贺宾和王莱夫妻档分饰我的父亲和婆婆。我完全不会唱歌，所以在黄梅调影片中是幕后代唱，我在镜头前对嘴形唱而无声地“装腔”，随着唱词比手画脚地“作势”，还要顾着镜头拍摄的位置，对一个初上银幕的人是一种负担。况且，由于

1964年在《状元及第》中，导演李翰祥指导江青演戏。

风格上统一的问题，此类影片的对白都不是口语化的，咬文嚼字地讲究句子的韵律。手舞足蹈惯了的我，开口讲对白已经不习惯，而现在还要用文绉绉的语言来演戏，就更使我难以适应、感到不自然。幸好在我演完两部黄梅调影片之后，“黄”风刮至尾声，以后我就没有再演“黄梅调”影片了。

想不到主演两部“黄梅调”影片，以及影片中负责设计身段动作和编排舞蹈的经验，到了二十多年之后，居然有了“用武之地”。一九八七年，纽约大都会歌剧院（Metropolitan Opera House）排演普契尼（Giacomo Puccini）的一个以中国为背景的歌剧《图兰朵》（*Turandot*），由佛郎哥·谢弗瑞尼（Franco Zeffirelli）执导，我负责编舞和动作设计。开始着手筹备时，一面听着音乐，一面根据剧情和唱词，自己比手画脚地揣摩动作和设想舞台调度时，感觉上一切竟是那样的熟悉。虽然此剧的音乐对我是陌生的，但猛地一下使我联想起当年编排《七仙女》的情景。虽然自从一九七〇年我到美国之后，开始接触并且学习现代舞，个人创作走向一个以抽象意念为主导的舞蹈形式，对唱和做之间要相辅相成的那一套编排方式已经开始陌生起来，但那毕竟是我曾经有过的一种实际工作经验，一开始工作便有似曾相识之感。在指导歌剧演员边唱边做动作时，自己竟然能示范——让演员随着钢琴伴奏唱，我在那里“装腔”又“作势”。乍看上去，还真像一个如假包换的歌剧演员。不但是口形对得天衣无缝，并且我也懂得在演唱需要换气时，如何把动作设计得容易承上启下，使唱与做取得协调。由于我能做到惟妙惟肖的程度，示范时往往会引起哄堂大笑，笑声之中，我知道示范替自己解了围——转变了歌剧演员认定的要唱就不能同时动的想法。

与《状元及第》有关的资料，在皮箱中翻到的，除了有关影片拍摄

1965 年江青随《状元及第》在南洋登台。

前后的宣传，还有一叠我在新加坡和马来西亚随《状》片登台的剪报和照片，由此我想起了这段经历。

《状元及第》在香港和台湾两地同时上映，台北上映的头一天，打破了有史以来中外影片票房收入最高纪录。“国联”影业公司的主要后台是新加坡“国泰”机构。国泰想打铁趁热，邀我随《状》片去新、马地区登台演出，借此扩大影片声势。由于我正在拍《西施》和《几度夕阳红》，使登台计划一延再延，最后终于在一九六五年十二月下旬成行。

所谓“随片登台”，就是在影片上映前或后，上台表演约三十分钟歌舞。歌是流行小调和电影插曲，而我只能对嘴假唱。由于我是以舞称道，所以在比重上舞多于歌才“行得通”。在节目与节目之间有司仪，司仪除了简介节目内容和“推销”我之外，也讲些逗趣的笑话，才不至于因我更换“行头”而冷场。在一场短短的演出中，我要更换服饰四五次，以使观众目不暇接而觉得“值回票价”。我对随片登台的计划十分恼火，觉得这种登台演出，就像把动物搬上台做展览，看电影就是看电影，又不是在卖东西“买一送一”，我甚至觉得有出卖色相的味道。自十一岁我就开始上舞台，观念上很难接受“随片登台”演出。当我知悉李导演同意了国泰的计划后，我哭着去找他，但他面有难色，无奈“国联”经济上依赖“国泰”。那年我十九岁，对李导演和他是老板的国联，有对家长和家庭的那份忠心以及感恩图报的心理。那时候，也有一些极无聊的剪彩活动、饭局、晚会等，也都不是出于己愿想出席，但最终自以为“顾全大局”、“顺从是美德”，又不好意思说“不”，就委曲求全地顶了下来，往往边做，边在心里骂自己窝囊。最后，赴新、马登台的事，僵持到势在必行的地步，我向公司提出来母亲要随我同行的条件，国泰马上同意了。

一边赶着拍《几度夕阳红》，一边做起登台的准备工作——录制了十几首歌曲；自己新编了几支短小、易讨好而又不太吃力的民间舞，如云南花灯、新疆手铃舞、喜迎春；公司出了一笔置装费，在香港设计缝制了大批登台“行头”；宣传部门印制了数以万计的各款“明星照”，并在每张照上代签了名；此外专印了图文并茂的宣传册子，准备在登台期间分发给影迷。那些照片千篇一律地用花朵、扇子、卷帘、洋娃娃作陪衬，我被精心包装成无血无肉的“偶像”，而自觉是个任人摆布的木偶。

在新、马“南征北战”，七十五天的登台行程中，每到一地，城市无论大小，全照例安排了影友俱乐部欢迎会、记者招待会、电台访问……永远是同类型的安排和同样乏味的问题，千篇一律的像是麦当劳的汉堡包，店有无数家，而包装和味道却完全一样。在招待会上，记者和影迷所问的问题甚少和工作有关，全是些可以写“花边”的资料。比如人刚下飞机，记者就会问令人无法答的“对此地的印象如何？”也永远免不了问喜好，从颜色、食品到男朋友全问到。当然更少不了问令我面红耳赤的“三围”数字，一开始我总是窘得低头笑，后来我对答如流：“你去采访我的旗袍裁缝吧。”我一直想：早知如此，就该把答的

江青为登台南洋所
拍摄的各色明星照

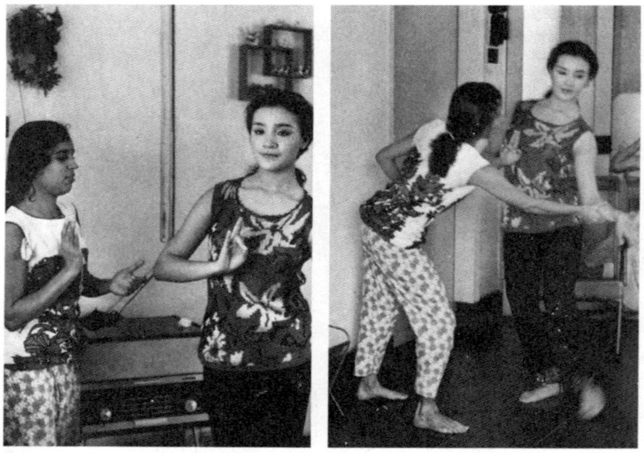

学习印度舞

话，全部预先录好，招待会上可放声带，岂不更省事。

登台的第一站是新加坡，两家戏院连映，一天就得表演同样的节目八次，更衣四十次，要是算上脱和穿就是八十次。天气酷热，我心中烦躁，尤其对在台下嬉笑起哄的观众感到无可奈何。头几天我几乎觉得自己在台上“强颜欢笑”，笑脸之下是噙着泪水在作演出。对观众生气，无法在台上发作；对自己厌恶，也无法对骂；结果对司仪在后台暴跳如雷，指责他在台上粗俗难耐的“幽默感”。但木已成舟，只好忍着气将就下去。

自小一向独立生活久了，深知只有自己能帮上自己的忙，于是就安排在演出中间当游客，参观名胜古迹和了解风土人情。在吉隆坡演出时，发现有一位很好的印度舞老师，我喜出望外，利用时间兴致勃勃地学起我以往没接触过的印度舞。我觉得随片登台是一种时间浪费，如果能学些有趣而又有益的东西也是一种补偿。至今箱中还存有一叠我学印度舞的连环照片和一本学舞笔记。除了这段短暂的学舞经历，七十五天巡回演出下来，最大的收获是学会了不会得罪人的永远的微笑。台上和台下都笑而不语——台上，我是对嘴假唱，或者是手舞足蹈；台下，面

学习印度舞

对着素未谋面的人，也无法多言多语。记者在报章上，一致用“文静”两字来形容对我的印象。但微笑多了，也会感到脸上肌肉僵硬，似乎戴着被画上了微笑的面具。

在皮箱中母亲存放影片《西施》的资料最多，甚至还有一本“纸上电影”的连环册子。

由于国联创业后，李翰祥执导的头两部电影叫好也叫座，直接刺激了台湾电影业，同时也刺激了他本人的“雄心壮志”：想拍一部中国电影史上前所未有的“大片”——大制作、大成本、大阵容……也无怪国联同仁当年封他为“大王”。台湾当局“借东风”——李翰祥，主要着眼点是：需要配合台湾政治情势，拍一部加强国民政治教育性的影片。六十年代的台湾“人在台湾，心怀大陆”、“反共救国”、“暴政必亡”这一类口号式的标语，我司空见惯；就像在大陆常看到“一定要解放台湾”、“回到祖国的怀抱”这一类的标语一样。现摘录一段台湾省新闻处处长周天固代表官方写的《拍摄西施的意义》，原刊登在《西施》宣传小册子的首页，上面写：“拍摄《西施》最大的意义乃在于《西施》一片显示的史实，会有时代精神。……第一是越国领导阶层的卧薪尝胆精神，第二是越国全国军民上下一致的复国精神。今天，我们的处境虽千百倍优于当年的越国，但在面对历史任务方面——拯救大陆上千百万人民于水火，却是完全相同。”而当时国联要拍成“大片”，也必须依赖台湾官方的财力和人力上的支持。就在各有所求又能各取所需的情况之下，台湾省营的“台湾电影制片厂”与“香港国联影业公司”达成了合作拍摄《西施》的协议。按照剪报上的用语：《西施》将为国产影片和金奖大导演，树立下新的历史里程碑，为国产影片开拓新境界。

“情人眼中出西施”是句俗用语，可见人们将这位家喻户晓的西施的美貌提升到了什么高度。究竟由何人来扮演“美中之美——西施”？（由英译片名“*The Beauty of Beauties—Xi Shi*”得来）影圈中和报章上猜测颇多。我完全没有操心过自己是否会被选中扮演西施，虽然当时报章上常常冠我以“国联当家花旦”头衔。我有自知之明，从不觉得自己有六十年代报章上常用来形容电影女明星的字眼：漂亮的开麦拉（照相）脸蛋、风华绝代、性感尤物、纯情玉女、最美丽的动物……我不是被“星探”们惊艳发掘，或者是因参加“选美”入选而转入影视圈，我纯粹是因“舞”而“影”，但此片不是“黄梅调”，无须借助我舞蹈的特长。再说我也仅是主演了两部影片、从影还不足一年的新人，从任何角度考虑，我不会被选上。

李导演大概觉得我是国联公司演员，由我饰演西施是件顺理成章的事，因此并没有当件事特别通知我。就在一个日常的情况下，他顺口说了一句：“嗨，这回你可要好好用心把戏演好。”我一下子没弄清，等会过意来，才明白自己中选了。知道要饰演西施后，我头一次因为外形美与不美的问题而有了精神负担，觉得自己不够漂亮的外形会影响了观众对西施角色的信服力。我没有为争取饰演西施向李导演敲过边鼓，而现在却因信心不足有意向他打退堂鼓了，我自嘲式地告诉他："演西施捧心蹙眉这场戏时，你不怕观众会笑我是东施效颦吗？"大概他当我是在自谦式地说笑，或者压根儿是口是心非的客套，只当耳边风，又是他一贯的一派"大王"作风，只顾滔滔不绝地讲西施的史实和典故。我先演仙女，再演闺秀，现在又要扮演起中国历史上最早的女间谍。我虽有赶鸭子上架之感，但另一方面，也暗暗地为不再演"黄梅调"影片而庆幸。西施是一个有血有肉的角色，至少在表演上将是一种新的尝试。

《西施》原定一九六四年六月二十五日开镜，国泰机构总裁陆运涛夫妇也配合开镜的日期访问台湾。谁知六月二十日陆氏夫妇及台制厂长龙芳、联邦影业公司（国联影片在台发行公司）董事长夏维堂先生等港台影剧界重量级人物，都在台中县丰原上空罹难。空难发生后，整个合拍协议上签字的人只剩下李翰祥，他因为勘察《西施》外景而逃过了这次死亡的约会。空难的悲剧，震动了影坛，罹难的大部分人员，我或多或少都有些交往，震惊之余也哀伤了一阵子。一般推测《西施》拍摄计划将流产，结果经过几番艰辛周折，多灾多难的《西施》终于在同年七月底开镜。记得开镜时是拍的"馆娃宫"内搭景，当时因为罹难者尸骨未寒，开镜那天大家都没有心情，所以没有特别的典礼或庆祝。只是政府官方代表和记者们把影棚挤得满满的，才显出些开镜的气氛。

《西施》从筹划到上映，将近两年的时间。拍摄完成后，因影片过长分为上下两集，上集副题《吴越春秋》，下集副题《勾践复国》。全片的四十二堂布景中，内景二十四堂，其它外搭景，是利用现成的自然环境，分搭在台北近郊的白沙湾和临近台中的后里马场上。往往出一次外景就要几个星期，拍外景时，每天日出开工、日落收工，收工归来大家都无处可去，为免受坐"牢"——旅馆房间之苦，就经常聚在一起吃饭

《西施》剧照，江青饰演西施。

江青在电影《西施》中饰演不同时期的西施。朱牧饰演吴王夫差。

1967 年，《西施》一片在台北上映时的盛况。（台湾电影资料馆提供）

聊天，当然谈话中心也都围绕在《西施》上。我和大家一样，做听众的时候多，听“大王”谈对整部片子的布局和设想以及当天拍摄某些镜头的意图。经他论东道西、天南地北地扯，连讲带演、有声有色地形容，似乎片子已经剪接好了画面就在眼前。不光是引人入胜，同时也帮助了演员，对整部戏在多方面有了进一层的了解。众人酒足饭饱之余，更饱了耳福和眼福，可惜当年我滴酒不沾，否则兴致会更浓些。

使我感到愉快的是在出外景期间，甚少无谓的社交应酬。人在台北时，影棚中收工刚卸了妆，回到住处就又要重新梳洗，赶赴晚宴了。经常性地一个晚上要赶两三个饭局，我往往连东道主是谁、为何设宴，都搞不清楚。只知道与国联有关，我是派出去的“钦差大臣”。敬酒时我总是以茶代酒，好在茶酒一色，有人安排好，外人察觉不出，总之，在礼貌上，人到过了，酒敬过了，我的任务也就完成了。这类晚宴大都设在当时几家著名的饭店或酒店的豪华夜总会中，社会名流、政界要人、新闻界、电检处、海关、片商……各行各界的人都有。许多面孔好像常见到，似曾相识，但永远呼不出贵姓大名，大概是在应酬场合中，人们惯常用的是同一种表情，交际中的寒暄又是同一类言谈使然。没有真正交谈的机会，也就不可能有了解，那也就无从有印象了。

偶尔间晚宴也会设立在不属于公众的场所，饭桌上坐的往往是报上常见到的道貌岸然的“正人君子”。见面的第一句话几乎永远是：“你不认识我，我可认识你。”当然指的是银幕上的我。第一次听到，觉得俏皮；第二次再听，觉得老套；第三次还听，觉得简直是油腔滑调；后来不断地听，觉得俗不可耐。我永远是沉默地报以一笑，肚中在说：“你哪能认得我？”当然我也清楚，是否认得我本人完全不重要，与宴会更是毫不相干，我只是在盛宴中用来作为一种点缀，好似头道菜七色拼盘上，为赏心悦目而摆上的各类花、鸟、虫、鱼的果菜雕刻一样。在这种令人难耐的环境和气氛下，使我觉得饭菜也和面目同样可憎起来。渐渐地我学会了“溜之大吉”的招数，最好使的是：我第二天一大早有拍片通告不宜太疲累，要不然就是“有些病痛”，至于是头痛、牙痛还是胃痛就随便说了。就是“溜”，也还是有专车送，上车后免不了要死劲抿住嘴，以防“噗”的一下笑出声来。

在台湾拍片，几年住下来之后，我不禁想：台湾这边天天叫“反共、反攻”，大陆那边天天叫“解放、解救”，表面上打着完全不同的旗号，相互水火不容，但我在北京和台北所经验的高层人员的作风却是异曲同工——残旧的封建意识，暴露在对演艺人员特别是女性的观念和态度上，此外还有奢侈腐化的生活方式，以及一副自命不凡的腔调。而不携夫人参加的“余兴晚会”，完全是“一式两样”——两样的是北京方面以特殊任务为名，而台北方面却是下帖邀请，形式上倒是清一色的光明正大。有天，当我与国民党上将刘玉章在统一饭店夜总会共舞时，突然惊异地发现原来他和曾与我在中南海共舞的“红军”总司令，同样的在跳舞时分不出三四步来，三步或四步对他们是一式一样的。

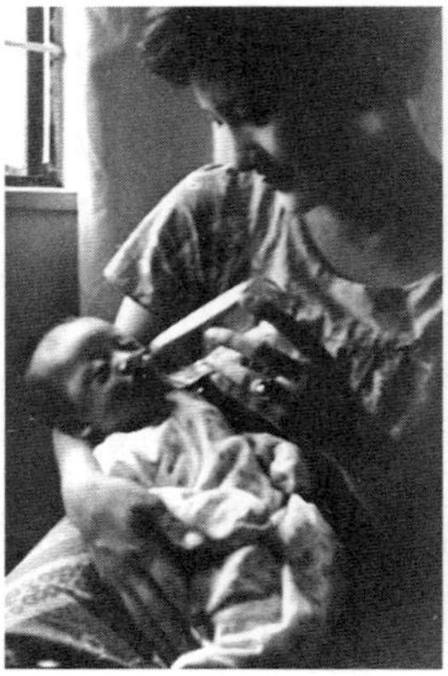 

江青与儿子成成（左图）、汉宁（右图）。

一九七八年我约请同行林泰勒（Lynne Taylor）给我编支独舞。我们是一九七五年同期在“雅各之枕”舞蹈节（Jacob's Pillow Dance Festival）同台演出而相识，相知有段时间了，对彼此的生活背景多少有些了解。在开始谈论新舞的题材时，话题一下子就到了女性在现实社会环境下、在成长的过程中，实质上所扮演的角色。从我们这两个“小我”检视与分析下来，看到了女性在现实生活当中不容忽视的问题——女人与娃娃，或者说女人与玩偶之间不可割舍的关系。将女人的生活分为几个阶段来看：孩童——大人给女孩的玩具是洋娃娃，要女孩当小母亲；而男孩从大人那里得到的玩具则是汽车、枪之类。少女——男人们往往会用漂亮的娃娃（Pretty Baby）这一类的字眼来称赞开始成熟的少女。少妇——男人对成熟了的女性着眼点基本上在后一字“性”上，头脑简单的“美丽的动物”最性感，也是最佳玩偶。主妇——婚后生儿育女，孩子成了女人生活的焦点，整个生活就是围绕着孩子在转。似乎女人由出生下地以后，命中注定了和“娃娃”结下了不解之缘。林泰勒对此深有感触，而我从少女明星到初为人母，以及挂上“离婚妇”的头衔后，种种的生活经验更是感触良深。于是决定排演以女性问题为主题的

江青与娃娃

1965 年台北松山机场，抱着娃娃的“国联五凤”。左起：李登惠、钮方雨、江青、汪玲、甄珍。

舞蹈《机械式娃娃》(*Mechanical Doll*)。由于编舞者和舞者有共同想呐喊的声音，在沟通上和体现时都能清楚地把握住层次。

从入镜直到出镜这些年，我一直希望能将事业与私生活分开，但实际情形不允许。往往观众对影星有一种特殊的心理和要求。当年这个牢骚是当我在箱中看到了一九六四年《征信新闻报》(现台湾《中国时报》)主办的"第一届中国十大影星"当选证书时又记起的。评选采取的计票法由观众投票，得票最多的前十名颁予证书(那年投票共计一百零九万六千七百零七张)。颁发典礼在中山堂隆重举行，当选的香港演员也飞抵台北参加。那天《西施》正开工，收工时，已近典礼时间。我卸了戏妆直奔会场。当选影星被安排坐在台上，我最后一个上台，只剩下台口的座位，刚坐下就听到台下一片嘘声，我意识到观众对我不"正式"的服装不满，对典礼不尊重外似乎我要标奇立异。在一片开汽水声中，我窘迫得低下头时，又发现脚上的鞋子也张着口朝我笑。我觉得很冤枉，在我的观念中，观众投票给我，无非是鼓励我要更努力地工作，现在我因为工作而衣衫不正式，绝无丝毫藐视大会的意思，而观众却反感。主办单位的负责人表情也很尴尬，我顿时悟出误会所在：由于长年在大陆受教育，我把台湾观众选出的"十大影星"和大陆群众选出的"劳动模范"相提并论了。

提到"影星"与"劳模"相提并论，使我联想到，自从我开始饰演西施后，发现直呼我姓名的人越来越少了，老是尊称江小姐，即使年龄和辈分比我高的人也如此，仿佛有了距离和级别之分。拍戏时喝水、擦汗通常是有人伺候，但现在连提化妆箱也要假手"小妹"。这实在和吃苦耐劳、洒汗当水的练舞生涯有天壤之别。自己在舞校时，下放到农村，挑肥、担泥、收割样样做过，哪可能成了提不动化妆箱的小姐？从

江青表演林泰勒所编的舞蹈《机械式娃娃》。(柯锡杰摄影)

1964年，江青接受台湾《征信新闻报》“第一届中国十大影星”颁奖。（台湾电影资料馆提供）

小养成的独立生活习惯，使我只要自己能做的事绝不想假手他人，感到同事之间只有工作上的分工，而没有等级的差距。日久天长，同事们看我毫不装腔作势，也不会说客套话，干脆叫我“傻妞”或直呼江青。

那时期虽然忙，但总也有静下的片刻。夜半无事时，突如其来地思念起舞蹈来，这种思念像闪电，在脑中那么一闪，大脑就像被充了电一样开始发动。母校习舞生活的点滴，那些熟悉的舞蹈片段，使自己看到了对舞蹈还没有丢失的理想。越想越兴奋，而至失去了大半夜的睡眠时间，但我不担心会影响到第二天的工作，而珍惜、享受这不速之客突如其来的造访。与造访者“谈心”，起码暂且起到了“画饼充饥”的效果。但长期“画饼”是不能“充饥”的，在俞大纲教授召集和推动下，当时在他周围的几位音乐、舞蹈界朋友刘凤学、许常惠、史惟亮和我一样感到迷惘和彷徨，于是联合成立“音乐、舞蹈研究小组”，让同行在一起交换想法，讨论中国的音乐和舞蹈该往哪里去的问题。想法虽好，但实际情况难付诸行动，最终计划胎死腹中。可是当有机会聚集在一起研讨时，总是生气勃勃，尤其和搞舞蹈的刘凤学，只要能找出些时间，甚至在午夜之后上她家，两人疲累得就在沙发上半坐半躺着对唱“舞蹈畅想曲”。

1967 年，江青（右四）在俞大纲（中）主持的民族音乐舞蹈会上与许常惠、刘凤学等人在一起。（许常惠提供）

那段时间，是因为谈多了，舞性发作也好，想多了，责任感所使也好，看到中国舞在台湾一片空白，我自告奋勇地到“中国文化学院”舞蹈系教中国舞。但基于当时台湾政府对大陆的一切敏感，我在教课时尽量避免会触犯禁忌的话题，以免惹上“替匪宣传”的嫌疑。文化学院在阳明山上，离片场很远。我拍片日程密锣紧鼓，每次都是跳上预先安排好的计程车，从片场赶去教课，一下课就又跳上计程车折返影棚。算下来，往返车资比教舞所得多得多，同事们都笑我是在做得不偿失的生意，我却乐此不疲，坚持一周两次课。由于拍片经常要出外景，上课时间要保证太费周折，教舞的差事只坚持了一个学期也只好打退堂鼓。

《西施》摄制期间，国联开始筹划拍摄由琼瑶同名小说改编的《几度夕阳红》。筹拍之前，我在俞大纲教授家中与琼瑶见过几次，等定下由我来饰演女主角李梦竹后，由于需要向她请教，两人交往频繁起来。那时国联已一口气买下了她的四五部作品的版权准备摄制。基于工作，也基于希望对朋友进一步地了解，我先读了那几部准备摄制的作品。读了她的作品和她接触一段时间下来，发现文如其人。作者与作品之间给人一种一致的感觉，不是逢人都有的，我认为这是难能可贵的质素：真我。这是她眼中的世界，心目中的人生，做朋友要求“真”之外，我想也就别无他求了吧。

写到这里，想到这些年来结识了许多艺文界的朋友，有时我并不同意某些作品的题材，欣赏作品的风格和趣味，但是一旦发现作者与作品感觉一致，我就会从“真性情”角度上对此人激赏。反之，我马上会对此人“提高警惕”，以免被作品所迷惑。以我的经验，和这类人接触，失望的比例很高，作品通常也带有投机取巧的痕迹。这样的人在事业上得到成功的比例不小，但艺术上成不了大器。当然，作者与作品同样是“品质兼优”、“美而纯”的虽然不多，但仍然可以有幸遇见。无奈的是，人与艺术，同样是“高处不胜寒”，所以在事业上是否有成，又得另当别论了。

《几度夕阳红》上映后不久，我结了婚。婚后怀着身孕拍了《黑牛与白蛇》以及琼瑶另一部小说《回旋》改编的影片《窗里窗外》，这就使我和她接触的机会增加了。熟识使我们成了可以推心置腹地谈私事，也可以无所顾忌地聊家常的亲近朋友。七十年代初，我初到美国，人地两生疏。生活和事业全无着落还不是最大的困扰，而对稚龄儿子的牵肠挂肚的悬念，使我陷入极痛苦的深渊中。一次又一次，琼瑶在台北为我仗义奔走——去孩子住处转送去我买的玩具，与对方协商探望的可能，索取孩子的近照……结果，她三番两次地吃闭门羹，明办不通，只好暗访、设法拍照，以慰我万里之遥的思子之情。一九七一年她旅游到美国时，也专程到我暂时落脚的洛杉矶作停留，为的是老朋友可以聊天，开导我宽心。那种雪中送炭的情谊，写到此地，不觉又感到心中暖和起来。

每当人们提到我曾获金马奖时，自然而然地会提到《几度夕阳红》。而我在人们提到时，会马上忆想起琼瑶来。由于在《几度夕阳红》中饰

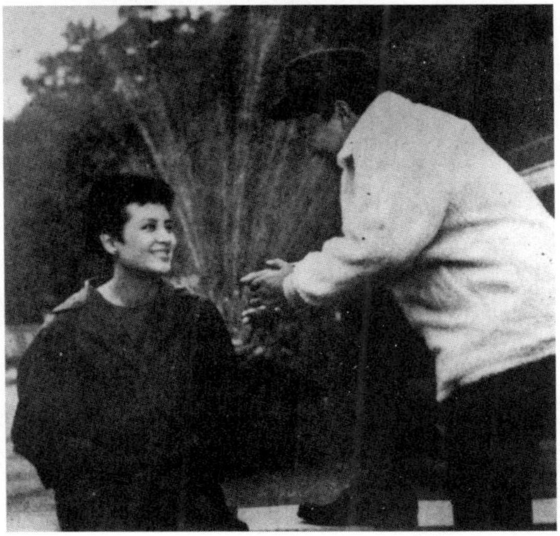

《几度夕阳红》剧照

《黑牛与白蛇》剧照

《窗里窗外》剧照

琼瑶（右）、汪玲（中）和江青在国联所设的宴会上。

演李梦竹一角，由大学生演至中年主妇，前后岁数差距约三十年，得了一位现在算来也和我在影片中扮演的角色那样长久岁月的朋友。虽然目前我们因地理环境，甚少见面，但可以肯定的是朋友之间的情谊，要比“身外之物”珍贵长久得多。《几度夕阳红》一九六七年给我带来的金马奖最佳女主角的命运，可以说是个现身说法：颁奖礼之后回到家中，一手将用墨绿色大理石雕成的马交给了儿子，一手将奖金支票连信封交给了丈夫。儿子把马一接到手，就当玩具一样玩扔起来，一转眼的工夫，马就在水门汀地上摔成了两半；而第二天早上，茶几上只剩下了空信封。断马一直忘了自己放置在哪里，前几个月在那口箱中见到，才知道母亲看见顺手收起的。

从影期间，我还任过制片，那是我婚后不久在自组的“昌青影业公司”的事。我在影界已有数年，与各地片商都相识，自任制片兼任女主角，拿预售版权费作为部分制片费是可以把片制成的。自组公司的目的，现在想来都觉得荒唐加疯狂，仅仅为了导演的排名可以在演员的排名之上，换句话说培植丈夫做导演，他的名字可以排在我的上面，满足他的男人至上的意识，帮助消除他心理上的自卑感。当时我认定了这是

《西施》荣获金马奖最佳影片，江青（左一）、伍秀芳（左二）、洪波（左三）与蒋经国（右）在酒会中。

1967年台湾严家淦"副总统"接见参加金马奖的国联代表团。后排左起：朱牧、吴勉之、王冲、李翰祥、杨群、田野、陈来奇；前排左起：黄小冬、李虹、江青、严家淦、归亚蕾、甄珍、李登惠。

我们婚姻触礁的症结所在，也是作为“贤妻”该做的分内事。因此，虽然他毫无片场经验，我仍然兴冲冲地四处奔走，找投资，卖版权，一人充当数职。即使白天出远门拍外景，夜晚还要赶回台北，四处张罗第二天的剧务费。

不足四年的时间，“昌青公司”制作了三部影片：《前尘旧梦》、《生老病死》、《四男五女》。除了片名最近在存下的一篇文章中看到而记下之外，有关影片中的各节已完全没有了印象。只记得我在现场他导戏时，由于自卑感和自尊心作祟，使他脾气暴戾，只有我一个人是他出气的对象，无论有多少人在场，一不如意时，我就遭了殃，每天在现场以泪洗面。自己是老板，自己的丈夫是导演，赌气掉头就走损失的是自己。结果头两部影片当时根本接不上，每部影片亏空近百万的现金，第三部影片，片子是接上了，恰恰也是我毅然决然地做了在婚姻上“断片”的决定。最终，自制、自资、自演的三部影片竟一部也没看到。昌青公司的名字是取夫妇两人名字中最后一个字合成的，原为“夫唱妇随”之意，如今妇已不随夫，昌青公司也随之消失。

昌青公司成立时，我仍然是国联的基本演员，拍摄自己公司的戏，手续上仍要向国联借人，档期和人事上种种不便。六十年代，港台影界特别注重明星制，明星对票房有直接的影响，似乎票房又和明星特别是女明星的婚姻多少有连带关系。我在影剧事业高峰时结婚，国联悉心栽培出来的“当家花旦”，似乎有不知感恩图报之嫌。那时国联公司的规模比初成立时大得多了，人多嘴杂，于是七嘴八舌的啰唆事也多了起来。我身心疲累，分身乏术，于是，与国联满约之后还了自由身。

母亲没有继续存留下我离开国联后的拍片资料，现在只记得在还了自由身后（一九六七年尾至一九七〇年间），我在香港和台湾先后主演了近二十部影片。其中大多数是独立制片公司的制作，制作规模受经济所限，一般不大，而拍片进度极快。我在港台两地疲于奔命，有时竟一天有早、中、晚三组戏的通告。我好像是一个拷贝在几家影院同时放映那样，在摄影现场之间来回地跑。在来回跑的途中，或者等着打光的时间里，我学会了抓紧时间休息。记得有时站位打光时，也能站在那里进入睡乡，同事们都佩服我随时随地都能打瞌睡的本事，也常常笑我要钱不要命。我只能苦笑，哪有人知道我只是个过路财神？从未兑现过一张支票，左手来右手去地给了别人。为了应付迫在眉睫经济上的需要，只要片酬合理，排名合适，没有暴露镜头，任何公司、任何片子、任何角色我都接、都演。许多片子我在签合同后会大哭一场，因为是与自己拍戏的原则和良心相违背。所拍片子的内容由古到今，文艺片、侦探片、武侠片、恐怖片……全都有。我当时完全抱着一种出卖时间的态度，接一部片子，就是卖了一段时间出去，片子一杀青，也就算时辰已到，又熬出了一次头。

这些年偶尔间有人问起我的从影经历，我设法努力回想那些我曾演过的影片，奇怪的是自从离开国联之后，所拍影片，由片名、剧情到所扮演的角色，能忆起的竟寥寥无几。自认有点薄情寡义和不近情理，但另一方面，我也深为自己几乎不记得不愿意再想的事而庆幸，对我这是一种无形的解脱。我一直不知如何向自己或向别人解析这种心理状况。不料近来，我在纽约晚间电视新闻上听到一则报道：“一位女性年轻实业家，一年前在纽约中央公园跑步时被数名暴徒袭击、抢掠之后轮奸并毒打至昏迷。经过一年多治疗，受害者现已逐渐地恢复了，返回原工作单位上班。据调查，她本人对意外发生时的一切经过毫无记忆，似乎一切并没有在她身上发生过一样，对她可算是不幸中之大幸。”听了这则报道，我有茅塞顿开之感，我猜想或许当年在下意识中，我极力要排除去记忆这些令自己感到不名誉又不愉快的事。虽然性质和情况不同，但导致的结果在某些程度和角度上有极大的相同。

在我主演的二十几部影片中，最偏爱的是《乐》。虽然我手边并没有《乐》的资料和拷贝，但心有所偏也就记得一清二楚。

国联自从摄制了《西施》，因制作费用超出原预算三倍多，从那时起出现了财务问题。后来随着机构组织日益扩充，财务问题也日益严重，六十年代末期，国联屡次濒临要倒闭的边缘。一九六九年，港台影界同仁发动了援助国联渡难关义举，由四大导演携手分拍由四段故事组成的一部影片《喜怒哀乐》，白景瑞（《喜》）、胡金铨（《怒》）、李行（《哀》）、李翰祥（《乐》）。当年的四大导演在同一部片中显身手，可算影坛盛举。

我在《乐》中戏份不重，扮演村姑一角，自觉在这部影片中，我在表演的分寸把握上有过火之处。但就整部影片来看，制作上虽属小品性质，但无论在风格和色调上都有其独到之处，运镜简洁无华之外，还有一气呵成的协调感。剧情主要是围绕着助人为乐的主题展开，老渔翁（葛香亭饰）捞得一竹笛，试加吹奏，竟招来了水鬼（杨群饰），于是一人一鬼杯酒言欢，终于结下了持久不渝的友谊。渔翁由水鬼口中得悉，他做鬼的年限已满，日后，如能找到替身，即可转世做人。富于恻隐之心的老渔翁，先后搭救了为情投水的村姑（我饰）和弃婴投水的新寡（李丽华饰），使水鬼失去了找替身的良机。老渔翁在“见义勇为”救人之后，却又为自己对朋友背信弃义，自责甚深，竟想为友殉身。善良的水鬼从老渔翁身上看到人性中光辉的一面，也抱着不成人且成仁的情怀。剧终，此事感动了天帝，水鬼升天成神，老渔翁也从助人中得到了

“乐”。它是部以人出发、探讨人性的作品，浅显的故事中，显现着人，同时又是中国人的精神；是一部富哲理却又充满了人情，趣味盎然令人玩味的佳作。

参与演出这部影片，当时给予我的启示是：一部作品在艺术上的成就与财力无关。在不能借助于物质条件的功能时，唯一可利用和发挥的莫非是自身的潜在力。环境越艰难，越能令人去沉思冥想，作品所可能追求的，是艺术境界中的“质”而不是“量”了。

一九七八年，我基本上借用了原电影故事，在纽约创作了自己第一个舞剧《乐》(*LO*)。但着眼点不是在故事情节的叙述上，而是采用了比拟和象征性的手法来表现主题精神。舞台上不断再现的四季的变迁和延续，象征着轮回，也同时暗示着持久不渝的友谊。舞剧《乐》在上演时，比电影晚了八年，自己不好再扮村姑，而扮了新寡一角。无论如何也算是一个离怀，聊作对自己从影期间偏爱的作品的纪念。

对银坛生涯我并无眷恋之感，偶尔在路上，有人指指点点或让我签名时，才会忽然又意识到自己曾经有过那段所谓“星光闪烁”的岁月。忆想起来，似乎一切都已经是十分遥远的从前了。这些年来，偶尔有制片人试探性地问我是否仍有兴趣重回银幕。当然未尝绝对不可能，但似乎本身没有那份冲动。我想主要的因素是作为电影演员或舞蹈演员，仅是一个诠释者，诠释剧中的角色及导演或编舞者的意图，也就是说在有限的范围内发挥创造力。这与我目前热衷的创作工作（仅指原始创作）性质大不相同。这些年来，创作越活跃，越感到自己精力的旺盛，虽然很多时候也掺杂着难耐的痛苦，但更多的是发自内心的无比富足感和激情带来的喜悦。创作，归根结底说来是“无中生有”，从无到有的构思过程中，你可以任情恣意，想入非非。一会儿，可以上天下地，呼风

1977 年创作的舞剧《乐》在纽约舞台上再现四季的变迁与延续。(柯锡杰摄影)

舞剧《乐》中，江青扮新寡，周龙章饰演渔翁。(柯锡杰摄影)

唤雨，觉得是海阔天空；一会儿，又可以是上天无路，入地无门，宛如置身于十里雾中。创作期间，那种变幻莫测的大脑活动和情绪的上下起伏，使我经常处于兴奋状态中，在不知不觉中脑海成了无垠的宇宙，渺无边际的遐想，使我变得像个童心未泯的孩子。世界上哪有比孩子的天空更辽阔，更无拘无束呢？

一九七四年春天我以特邀独舞身份（Guest Artist）随三藩市柯蕾葛丝舞团（The Xoregoes Dance Theater），在美作巡回演出。原以为此次可以摒弃其它职责，作为纯舞者在台上尽情发挥和享受。不料不足一个月，我已渐渐地失去了耐心，同样的节目每天重复，虽然在重复之中也会发现新的可能，但毕竟"天空"太小了。由那次起我渐渐省悟出，在我，关键性的问题倒不是喜欢从事电影还是舞蹈，关键是在于担当原创作者抑或诠释者。

近几年来，自己在工作范畴和性质上，以及在创作风格上自然地起了明显的变化。以往只在自己原构思下搞舞蹈创作，现在却经常替歌剧和话剧做动作设计及舞蹈场面的编排或兼任导演之职。在搞原创作时，风格上也由"纯舞"走向更趋向于"舞蹈剧场"的形式，并且觉得综合性媒体和多元化的舞台形式和自己有的经验似乎更加吻合些。对我来说，这种工作范畴及创作风格上极其自然的发展和变化，是与我入镜到出镜七年之间的影剧经验分不开的。虽然，我对那时期许多实际的工作过程及细节印象模糊，但我相信，并不表明那七年之中我毫无所获。细算一下，由入镜到出镜期间，我除了编排了两部自己主演的黄梅调影片之外，还担任了其它影片的舞蹈设计工作。演员工作上也曾在二十余部影片中扮演形形色色的角色，工作实际需要，使我经常不断地在揣摩"角色"，虽然有肤浅、粗糙等诸如此类的弊病，但总是在实践中。这种不断地尝试——去了解剧情和寻找“角色”的练习，就像小学生不断地练生字、经常性地做功课一样，练得和做得多了，也就成为一种潜伏在身的基本技能。等到有机会去运用时，才感到小学生没白当，给自己后来的工作，无论是在创作上、理解力上、表演上都提供了许多经验和能力。

我逐渐地感觉到了，也仿佛见到了至目前为止，自己在艺术创作上的风格，以及性质上的变迁和发展的种种轨迹。一切就像孩子在玩拼图（Puzzle）那样，一开始，东一块西一块看不出一点迹象，然而，摸索久了，居然也能逐渐窥出个就里，洞察出彼此之间相辅又相成的关系，以及互相组合和衔接的可能性。然后就轻轻地将手指一拨弄，手掌一推，块块片片就全适得其位地靠拢在一起，将图案清晰地呈现在眼前。一切自然得就像瓜熟落地一样，但“种瓜得瓜，种豆得豆”，这个在儿时就知道的浅显的比喻，到目前才算懂得并体验了其中的真谛。

写到此，黄梅调中的一段“对花”，开始在我耳边徘徊起……甲唱：“丢下一颗籽，发了一颗芽。”乙对：“下的是什么籽，开的是什么花。”怎么我会无端端地忆起这首歌词？哪里学的呢？是入镜后，在拍片或随片登台演出中对嘴唱时学会的？抑或是入镜前，在北京舞校做学生时观看全国戏曲会演中听到而记住的？或者根本是出镜后，在……？反正我已经记不清了，那又有什么关系呢！

编辑希望我有充足的照片资料来配合文字。这可把我难倒了，因为镜头下的照片除了前五部的影片剧照可以在剪报上翻拍外，手边只有为宣传拍的明星照。至于参加各类活动以及后来所拍的影片的剧照一张都没有。焦头烂额之际只好上月到香港、台湾向昔日同事和朋友们求救。刘易士、朱牧、杨群、刘引商、宋存寿、孙越、翁灵文、马汉英、李行、陈来奇、傅碧辉、郑佩佩、李翰祥、焦姣、琼瑶、许常惠、王兰、蔡澜、谢家孝、简志信、刘一民、江素惠都在百忙之中为我翻查或替我联系可能的途径，但实在相隔的年代太久了，能收集到的为数不多，而且大多数都属同范围的照片。

正无可奈何只好怪当初自己太无“心”时，经李翰祥导演联系，请到收集电影资料已二十余年的余慕云先生帮忙。他是位热肠人，一口应允了下来，一周之后，我不但拿到了他所做的“江青拍摄影片年表”，而且还借到了他所搜出的所有的有我照片的杂志，其中所耗费的时间和精神都可想而知。在此，特向各位朋友致谢，尤其是余慕云先生，没有他提供的资料，以下这个“篇幅”对我将永远是个空白，更不会呈现在读者面前。

江青

一九九一年十月三日

江青演出电影年表

[按出品年份]

1963	七仙女	...... 国联
1964	玉堂春	...... 邵氏
	状元及第	...... 国联
1965	西施（上、下）	...... 国联
1966	几度夕阳红（上、下）	...... 国联
	黑牛与白蛇	...... 国联
1967	窗里窗外	...... 万邦
1968	玉龙吟	...... 国泰
	前尘旧梦	...... 昌青
1969	玻璃眼球	...... 新元
	二十年代	...... 万祥
	丈夫与我	...... 万祥
	虎山行	...... 国泰
	龙王子	...... 威灵
	武士盟	...... 威灵
	四男五女	...... 昌青
1970	摄魂镜	...... 彩虹
	喜怒哀乐	...... 蓝天
	包公游地府	...... 四杰
	杯酒高歌	...... 威灵
	夜归人	...... 威灵
	生老病死	...... 昌青
1971	铁扇神剑	...... 威灵
	神龙大战宇宙人	...... 中制
	缇萦	...... 中制
1972	妈妈在那里	...... 威灵
	台北 上海 重庆（上映时改名《春晖》）	...... 中制

六十年代中期，席得进所作江青画像。

《七仙女》定妆照。

1963 年《七仙女》剧照，江青（左）与钱蓉蓉。

1964 年《状元及第》剧照，江青（左）与钮方雨。

1965 年，《西施》剧照，右起李登惠、江青、毛冰如。

1965 年《西施》剧照，夫差（朱牧饰）与西施（ 江青饰）。

1966 年《几度夕阳红》剧照，李梦竹（江青）与奶妈（陶述）、何慕天（杨群）。

1966 年《几度夕阳红》剧照，江青在剧中与“儿子”（秦沛饰）、“女儿”（汪玲饰）在厨房。

1966 年《黑牛与白蛇》剧照，江青与田野。

1969 年，江青在武侠片《虎山行》中。

1970年《乐》剧照，村姑（江青）与渔翁（葛香亭）。

1970年《春晖》剧照。江青与张扬（左）、沈雪珍（右）。

1971 年《缇萦》剧照。左起：胡锦、江青、潘迎紫、归亚蕾、甄珍。

江青舞台创作年表

[一九七一年至一九九一年（除特别注明外，所有作品由江青及纽约江青舞蹈团演出）]

1971　在草原上（蒙古族）　传统音乐

东北秧歌　传统音乐

竹板舞（黎族）

1972　牧羊女（藏族）　三藩市长城舞蹈团　传统音乐

玉楼春晓　作曲 / 梁铭越

1973　新春乐　传统音乐

征旅——花木兰　传统音乐

节日组曲　传统音乐

凤还巢（歌舞剧）　La Mama E. T. C. New York　导演 / Tisa Chan

1973—1974

组舞——传统与变调（十四舞章）　作曲 / Chinary Ung

1974　阳关　作曲 / 周文中

民歌三调　作曲 / 周文中

变　作曲 / 周文中　雕塑 / 蔡文颖

1975　月之圆（话剧）　Zignal Theatre Company New York　导演 / 叶清

…之间　音响 / John Bischoff　编曲 / Chinary Ung

尽在春风里　作曲 / 周文中

1976　点与线　传统音乐

离怀　作曲 / 许常惠

1977　深　作曲 / Tona Scherchen

1978　乐（舞剧）　作曲 / Kilsung Oak

1979　青秀山川　作曲 / 周文中

1980　落花时节　作曲 / 周文中

旅——四季　作曲 / 李泰祥

1979—1981　诠释　（构思、导排：江青）

音乐的变奏　作曲 / 许博允

调度的变奏　作曲 / Igor Stravinsky, Johann Sebastian Bach, Jeorome Kern

主题的变奏　作曲 / Paul Winter, Irene Bunis, Johannes Brahms

旋律的变奏　作曲 / Johe Lenon

1982　雪梅　作曲 / 赖德和

回（八舞章）　作曲 / 谭盾

……由始　作曲 / Henry Wolff, Naney Hennings, Drew Gladstone

雕塑 / 朱铭

1982—1983

负 · 复 · 缚（舞剧）　香港舞蹈团　Northern Ballet theatre, England

作曲 / 谭盾

1983　成语舞集（构思、导排：江青）　香港舞蹈团

孜孜不倦　编曲 / 桂仲川

一见钟情　作曲 / 周文中

同床异梦　编曲 /Chinary Ung

长袖善舞　与郭晓华合编　古筝曲 / 高山流水

疲于奔命　与梁国城合编　作曲 / Frank Becket

1984　花落知多少　香港舞蹈团　Ballet Hispanico Of New York

作曲 / 林德虹

1985　历程　作曲 / 谭盾

1986　变　作曲 / 周文中　书法 / 王方宇

1987　图兰朵（歌剧）　Metropolitan Opera Company New York

作曲 / Ciacomo Puccini　导演 / Franco Zefferelli

1988　图兰朵（歌剧）　The Swedish Folkopera　作曲 / Giaeomo Puccini

与 Claes Fellbom 联合导演

恒（五舞章）　香港演艺学院　作曲 / 周龙、赖德和、谭盾、梁铭越

1989　冥城——庄子试妻新释（舞蹈剧场）　香港舞蹈团　作曲 / 瞿小松

声声慢变奏——取李清照词意（舞蹈诗剧）　作曲 / 周龙

哈姆雷特（话剧）　Hay Market Theatre Leichester England

导演 / Yuri Lyublmov

达 · 芬奇（歌剧）　Stora Theatre Gothenburg Sweden

作曲 / Lars Johan Werle　导演 / Claes Fellbom

1990　仲夏夜之梦（话剧）　Swedish Royal Theatre　导演 / Wilhelm Carlsson

霍夫曼的故事（歌剧）　Swedish Folkopea　作曲 / Jacques Offenbach

导演 / Claes Fellbnm

1991　李尔王（话剧）　State Theatre Boras Sweden　导演 / Peter Wehlquist

舞者江青（柯锡杰摄影）

《传统与变调》（柯锡杰摄影）

《阳关》（沈今声摄影）

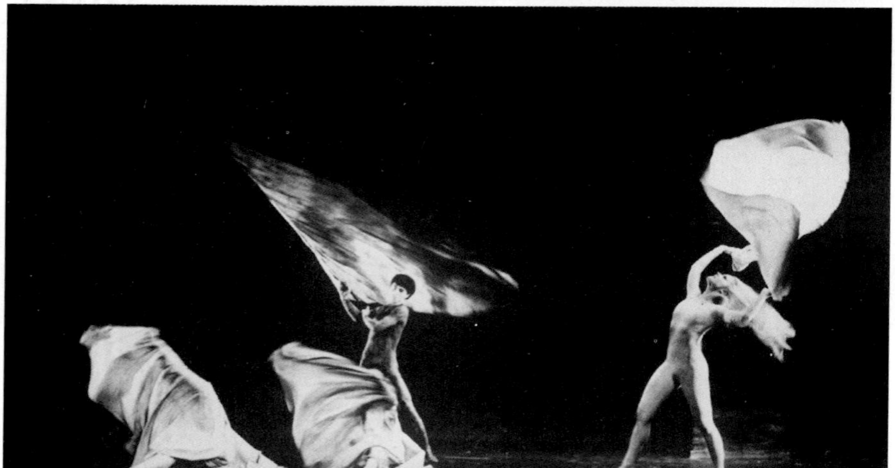

《……之间》（柯锡杰摄影）

《尽在春风里》（柯锡杰摄影）

《离怀》（柯锡杰摄影）

《深》（柯锡杰摄影）

《乐》（柯锡杰摄影）

《诠释 · 音乐的变奏》（柯锡杰摄影）

《诠释 · 调度的变奏》（柯锡杰摄影）

《诠释 · 主题的变奏》(Jeefre Schwarz 摄影)

《诠释 · 旋律的变奏》(柯锡杰摄影)

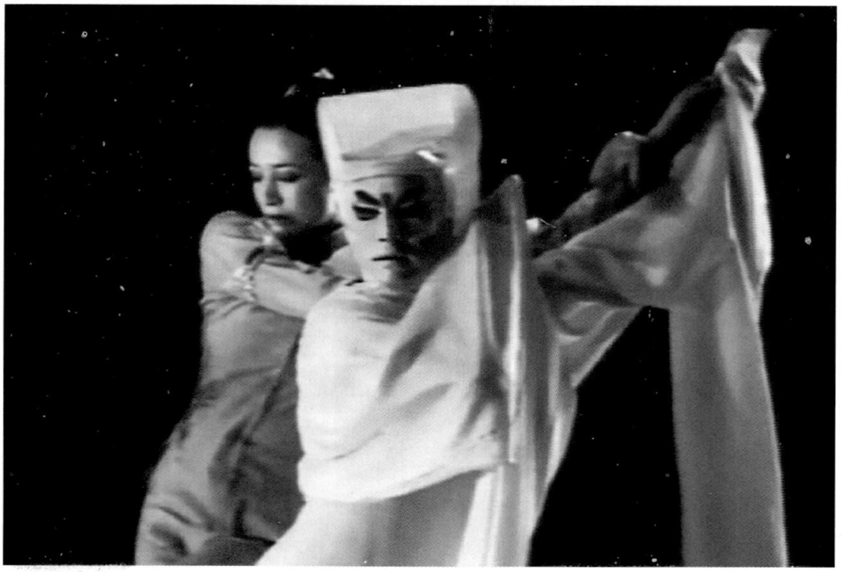

《青秀山川》（柯锡杰摄影）

《雪梅》

《回》（柯锡杰摄影）

《负·复·缚》（Northern Ballet Theatre England 提供）

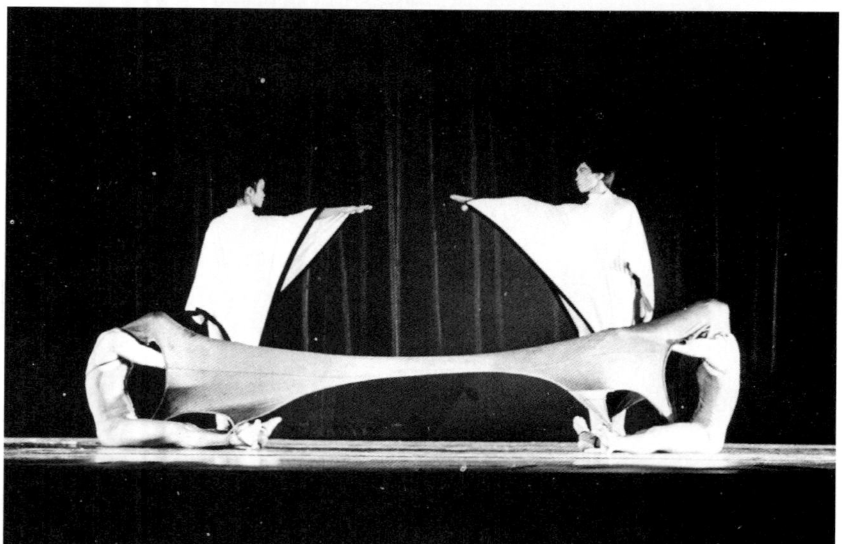

《成语舞集 · 疲于奔命》（香港舞蹈团提供）

《成语舞集 · 同床异梦》（香港舞蹈团提供）

《花落知多少》（柯锡杰摄影）

《历程》（柯锡杰摄影）

《变》（柯锡杰摄影）

歌剧《图兰朵》（纽约大都会歌剧院提供）

歌剧《图兰朵》(瑞典人民歌剧院提供)

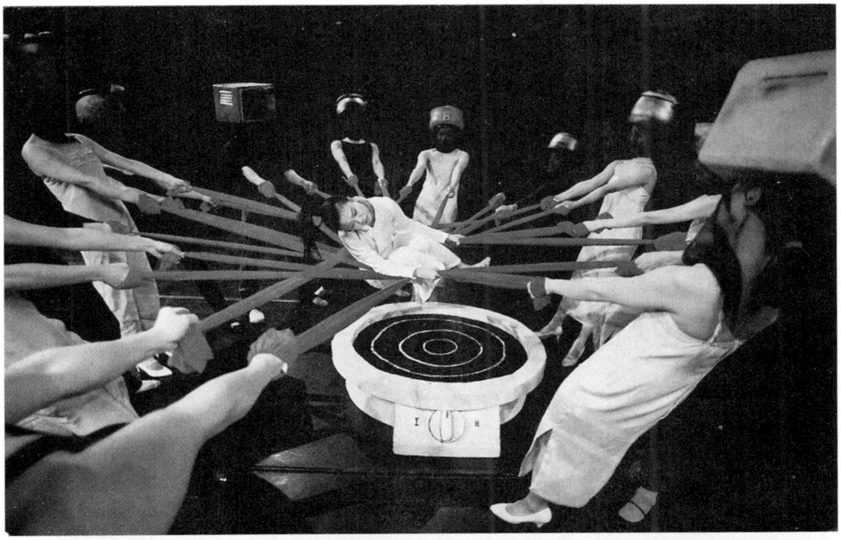

《冥城——庄子试妻新释》（香港舞蹈团提供）

《声声慢变奏》（Guggenheim Museum 提供）

《声声慢变奏》（Bengt Wanselius 摄影）

话剧《哈姆雷特》（Steven Vaughan 摄影）

歌剧《达 · 芬奇》（Ingmar Jemberg 摄影）

歌剧《霍夫曼的故事》(Ilkka Ysaksson 摄影)

《仲夏夜之梦》（Bengt Wanselius 摄影）

《李尔王》（State Theatre Boras Sweden 提供）

西出阳关

飞机飞上了天，一切就都远了，由机舱内的窗口向外望去，雾蒙蒙白茫茫的一片，空空荡荡。就这样在日本，住在友人刘易士、单金秀夫妇家中，等候赴美的旅游签证。

一九七〇年夏天，适逢世界博览会在大阪举行。朋友住在名古屋，离大阪不远，我就每天从清晨开始先沿着大街、小巷穿走，然后再搭车到博览会场中漫不经心地游荡，直到天渐暗了才意识到该回去了，免得朋友记挂。我的精神和身体状况令友人担心，竭力想劝阻我暂时打消西行计划，回家养“伤”，这与父母亲原来的意见一致。但在当时，我感到自己唯一的希望是斩断一切往事、往时、往思，往前看、往远飞，越远越好。

一个月后，我终于拿到了签证，飞到了一个完全陌生的新天地——美国洛杉矶。以前素未谋面的张文艺（张北海）夫妇，受友人之托热心相助，没多久在圣莫尼卡（Santa Monica）替我觅得一住处。房东是对老夫妻，我的那间屋就在主人屋子的后侧，是汽车房顶上加盖上去的一间阴凉、潮湿、阳光永远射不进的屋子。我搬进去的第一天，才真正地意识到，从今开始我是独自一人了。

加州政府设有成人英语班，是专为辅导外国移民办的，学费是美金二角五分钱一学期，每周上五个半天的课，我报了上午班的名。同时又在加州洛杉矶大学（UCLA）的国际学舍中找到了免费的英语会话班，我报了下午班的名。我从A、B、C开始学英文，其它的一切也由“A”开始。

开始上学后，白天尚好打发过去，黄昏回家草草吃完简单的晚饭后，就不知该怎么办了。总不见得不到七点，就上床睡觉，至少要设法熬到九点以后。“往”字紧随着我，要赶走那些缠绕在我四面八方的

江青在台湾期间常在俞大纲老师家中做客。

“怎么会？”、“为什么？”、“可能吗？”就像要在晚间的灯下驱逐自己的身影那么不可能。除了给亲友写一封又一封的信，其它的事都做不下去。其中与俞大纲老师信通得最多，现存下来几封，这段我录下：“从信中接触到你的悲愤，为之恻然，长痛不如短痛，还是忘了一切吧。宗教与艺术的最高境界是舍而非取，我希望你能走上这一境界。常作如是想，至少心境可得平安。”灯下赶不走自己的身影，关了灯我又怕黑，一生中我没有一个人住一整间屋子的经验，尤其是那段时间晚上经常做噩梦，于是只能彻夜开灯，半夜里要是在灯下醒来，“影子”就更大也更阴森了。

家中答应资助我半年的生活费，父母亲认为一个女孩子在言语不通的陌生环境，不宜“流浪”太久，希望我早日回家再作计议。而我，当飞机离开了台北松山机场，也就是过了“阳关”，绝无回转的可能。我必须设法将家中资助的钱，用到最长的时间，所以省吃俭用，不舍得周末时外出看看，也不舍得添置电视机解闷。周末或假日还没到，我就开始担心，不知道时间怎么挨过去。有时眼睁睁地坐在不是自己的家中，对着四面白墙，越坐越觉得浑身上下发冷发麻，于是就跑到离我住处有十条街的张文艺家中“避寒”。记得有几次午夜惊魂（做噩梦），也只好半夜打电话求救。自觉打扰别人已经到了惹人厌的程度，而且和他们夫妇皆素昧平生，但他们总是尽可能地给予援手，生活上从装电话开始，到学喝加州葡萄酒，一直到学会在高速公路上开快车，全由他们包办教的。

那时在经济上我要做长期“抗战”的准备，急于要找份工作。对于找工、打工这类事，我丝毫不觉有损面子、失身份，我认为人最起码的自尊应当是建立在自食其力的基础上，所以反而觉得自己有骨气，可以拿得起放得下。刚开始，我按照国际学舍的招贴，到了比华利山的一户人家去试工，待遇是帮忙做家务来换取免费食宿。那位太太看我拿吸尘器的样子，就知道我以前没用过，十分钟不到，就打发我走了。我不谙英语，也无法在餐馆找到工作。最后找了家洗衣店，做把衣服往衣架上挂的工作，工资一元二角五分钱一小时。但我的当务之急是学英文，一天只能工作几小时，而老板需要找个全工的，所以几周之后老板又客气地辞退了我。

大概以为是丧家之犬可欺。有几位以往的朋友来看我，令我喜出望外，原来都是有心人，想乘人之危，另有所求；片商们也以为我的新闻闹得轰轰烈烈，有利可图，不顾我身心创伤，竟想拍《吃我、玩我、打我》；以前曾想约我赴美随片登台的片商，当年没有可能，现在也以为可趁机把报酬压到最低点……诸如此类落井下石之事层出不穷。我自觉看透、想穿、恨极，最好的办法就是将门关起来，大狼来了，再敲也不开。

这一切的变化太大了，虽然是自己的选择到没有人认识我的陌生环境，一切重新开始，但仅仅在一瞬间，我从云端滑入到谷底——从万人仰慕的明星沦为处处被人驱赶、任人踩踏的小卒；从社会的焦点人物转换为无人搭理的“哑巴”；从拥有事业、名誉、家庭、孩子、爱情，变

日夜思念的成成

为一文不名、一无所有……对这种滑落的幅度和速度，我心理上毫无准备，一下子便要面对滑落后的现实，现实毕竟是残酷无情的。

一段时间下来，我开始渐渐地认识到，一个人对环境适应的程度，面对现实求生存的勇气和忍受寂寞的耐力，都是在不断的磨炼中增加的，接受一种提高饱和点的训练，是人生一种成长的过程。我只能暂且设法使自己静下心来，于是决定利用晚上和周末的时间开始写《中国民族舞》(这本书没有全部完成，其中一些章节，一九七〇年时曾在香港《明报月刊》和台湾《新生报》上发表)。这个新的开始，我写信告诉了俞老师和母亲。俞老师在回信中说："好在你已想通了，努力读书和写作，可以暂解忧思，充实自己。你的妈妈也有信来，我尚未作复，我觉得你的妈妈真是个伟大的女性……"妈妈接到我的信后，没有多久，我就开始收到她寄来的一本又一本她亲手抄写的可以找到的舞蹈资料，并且在手抄本中，她连许多舞姿解说图解以及舞蹈队形也照描了下来。虽然许多我没能用上，但当时对我的策励是难以衡量的，至今我仍珍藏着。

把自己钉牢在桌前写舞蹈，实际上是让自己只去回忆和那份"伤痛"完全不相关的事。我记英文单词，背一句一句的会话，写有关舞蹈的文章，作用都是要将我的时间填满，脑子填满，但是无论如何都不可能填满内心无底的虚空和无边的寂寞。我感到自己面临着将要枯竭的危机，突然地意识到自己已经很久不流泪了，相应的在生理上也不知何时断了月经。凡是遇到我的人都提醒我，不要隔几分钟就叹一口气，让旁人听着很不舒服，我自己竟毫无知觉，即使想注意也无法控制。

那时我除了上英文课之外，有时会几个星期不和人交谈，如果碰到假日，会好几天未曾开口说话。那时我经常地胡思乱想，盼望“奇迹”出现，好证明在我住的那间屋子中，除了我和影子，还有第三者的存在。尤其是在放学回家的路上，那种奇想似乎给自己增添了回到那间屋子的勇气。想的尽是诸如此类的现象：进门前，希望闻到饭香味，可以证明有人做好了饭在等我；开门时，希望门是倒锁着的，可以证明里面有人；打开门，希望我坐惯了的那张木椅已不在写字台前，而挪了个位置；入门后，放在桌上那只没洗的空杯子已在水槽中，那样至少证明，白天我不在家时曾有人进来过。对这一系列琐细的想法，直到今天记忆犹新，是因为当年自己的这种思维活动，似乎成了生活中不可缺少的一种调剂——给这段飘零孤苦的岁月增添了一丁点儿想象的喜悦。

生活在悬念、寂寞和失落中，使我恐惧自己会渐渐地萎缩至消失，也恐惧自己会被世人遗忘，这种恐惧心理常常作祟，我被这种梦魇缠绕着却无法躲避，也无力驱逐。

没想到自己当年挥不走的恐惧，突然在日后的现实生活中出现了。一九八七年的夏天在瑞典斯德哥尔摩，我们全家坐在厨房用晚饭，我想到整个暑假我们不在城里的家，那位房客——一位孤零零的老人，一定很寂寞，于是建议比雷尔请老人上来喝杯酒。打我们家的窗口向他家的窗口望去，他的窗是开着的，说明人在家，于是过去按铃，没人应。第二天，又到了晚饭时间，发现他的窗仍然是那样开着，窗帘在飘。那天天凉又有风，比雷尔马上意识到可能发生的事。他找来警察，开门入屋，发现老人的尸体已开始腐烂了。他回家后讲了情形，我刚下肚的饭差一点翻倒出来，当即唤起了我在圣莫尼卡那段日子中的恐惧和梦魇。从不喝烈酒的我，那晚陪比雷尔喝了一大瓶威士忌，那晚我思前想后地失眠了。看着睡在身旁的儿子，我自问："是否还能再经受得起圣莫尼卡那样的经验？"为了避免再被提醒，第二天清早我告诉比雷尔，设法尽快地卖出那间公寓。

当年促使我精神上起了转变的是我重新又开始练舞。在加大国际学舍义务教我英文会话的犹裔老太太热心帮助下，我认识了一群喜欢舞蹈的中国学生，由她们张罗周末在西木（West Wood）女青年会中开了舞蹈班。大学生们有能力花钱学舞者寥寥无几，倒是使我有了不付租金练舞的场地。每天呆坐课堂学英文，愣坐桌边写舞蹈也着实坐怕了，抓住这个良机，下狠心"复功"。离开舞校近九年没有正式练过功，那年我二十四岁，这个年纪想要复功没有任何捷径，唯一的窍门就是苦练。开始练时，浑身上下都不听指挥，肌肉和关节也毫无感觉；想把脚背绷起，一用上力，脚心就觉得抽筋；想把腿控高时，也感到腿上像有千斤铊在下面坠着；尤其是体力上，练不了多久就觉得唇干舌苦，头裂脑涨。独自练功，既无伴也无伴奏，更觉干痛、干累，自己在干熬。开始"复功"后，就是平时在住处，我也是把腿搁在灶台上切菜，或搁在窗框上背英文单词，两头不误。随着肌肉能力的回复和软度的增加，无形中给自己滋长了一股自信心，这种自信心渐渐地成了一根精神支柱，使我坚信，坚持下去便是"阳关大道"。

一九七一年春天，加州长堤（Long Beach）大学邀我作一场中国舞

1972年在加州湾区，身后是金门大桥。

示范演出，因纯属教育性质，只付二十五元车马费。我把这个喜讯告诉了母亲，她忙得比我更起劲，按照我的具体要求，找音乐资料，制作服装。我也请许常惠在台北代录了一些民乐，在示范时作伴奏用。我正在写的《中国民族舞》中的一些章节，此时也派上了用场，请热心的中国学生简译成英文作解说用。

练舞有了确切目标，工作一具体化后，我也不再觉得练舞是那么难耐的苦，于是舞练得更勤了。基本功练完后，边编排节目边练习示范演出中的组合。周末时，可以练练，歇歇，想想，再练练，一口气能练上六七个小时。舞练得越多越有劲道，不但长功也长气，我又体会到舞蹈可以带给我的“享受”。翻开一九七一年二月一日清晨写下的《我为什么要写〈中国民族舞〉？》，末节有这样的句子：“亲身的经历告诉我，舞蹈这条道路十分艰辛，是一条用汗水凝成的道路，但浸在其中的滋味却是无穷的。”这段文字清楚地写照出我当时的感思。除了滋味，在我心中也同时滋长起了一个意念——确认舞蹈才是我真正能安身立命的。

在美国靠舞蹈专业赚的第一笔钱——二十五元，我拿到手时欣喜之情连自己都不能相信。我马上用“有收入”作借口，自我奖励——买了

七十年代初，琼瑶和平鑫涛在美国探望江青。图为江青与平鑫涛在三藩市。

台开盘录音机，当然二十五元是买不下来的，我添进了省下来的三百元生活费。有了演出需要用的录音机，心理上觉得自己已回到了本行。第一次作专业性演出也就是开始向前迈出了一步，有了第一步，也就有了前进的方向，接二连三地，我陆续收到各大学演出的邀请。这台录音机几乎陪我转遍美国每一个角落（一九七一年至一九七五年之间，在全美近一百二十所大学中作了独舞示范演出），也不知多少次，陪我横跨大西洋，直越太平洋。究竟它还是比不了人，经不起旅途劳顿，也不知它坏了多少次，用坏了就修，用用又坏，到后来修理费已远远超过原机所值，我还是照修，为的是念旧舍不得丢，就好像朋友总是老的好，演出时“老朋友”才信得过。直到几年前“老朋友”老得散了骨架，我才“罢修”，把它安顿在自己的老窝——纽约葛列街（Greene St.）舞蹈室中退休养老。

一九七二年到一九七四年是我收获最丰的一个阶段，这是由加州大学柏克莱分校（U. C. Berkeley）开始的。

一九七二年春天，意外地收到柏克莱分校第三世界艺术系发出的一封信。内容是：系里派专人看了我在长堤分校的示范演出，很欣赏，问我是否有兴趣应征该系舞蹈教师的职位？意外使我兴奋，但又踌躇起来，凭我的英文怎能应付大学教舞的工作？但求职心切，只好硬着头皮在怀中揣了本英汉、汉英两用字典去应征闯“关”。进屋后我把字典在办公桌上放下，就开门见山地说：“我很希望能得到这个工作机会，但我语言方面障碍很大，如果你们不介意，可以允许我像今天这样带着字典上堂的话，也许我可以试试。”面试我的几个人看我诚恳又爽快，不禁笑出声来，接着表示，依据他们看我在台上的表现，可以相信在课室中我也一定会表现得同样出色。

一九七二年春季开学时我带着字典进了教室，至今仍记得第一堂课的开场白：“我教你们舞蹈，你们教我英文。”上课后才发现美国大学里学舞蹈是自由选课，男女学生几十人中，各科、各系、各种年龄、各种肤色的人全包罗了。来学中国舞的大多数，纯然是当做一门知识去了解。我认真准备的动作加风格的基训教材，完全是为培养专业舞蹈演员拟定的，临阵发现根本是牛头不对马嘴。于是除了简化基训外，教学材料中加入了简介中国舞蹈史，以及中国各民族民间舞的基本常识：分布情形、来源、活动形式、动作特点等等图文并茂的材料。这部分知识自己从未研究过，因而下工夫到图书馆中翻查有关资料，摄制幻灯图片。幸好柏克莱和斯坦福大学的东亚图书馆中，可以找到的资料很丰富。备课中接触到了许多以往没有接触过的知识层面，受益匪浅。

在柏克莱的校园中，我真正享受了加州的“阳光”，校园中的每一个角落都散发着充沛的热力和能量。每张布告栏上七歪八斜地挤满了大大小小的纸片，上面写着形形色色的内容：专题讨论、政治集会、电影欣赏、“妇解”、同性恋示威游行、瑜伽班招生、搬家拍卖、征友同住。形形色色的人遍布在校园的草坪上、水池旁、墙根下、窗门内。在校园

江青（左）在加州大学柏克莱分校教中国舞基训。

中除了有机会遇到形形色色的人，也可以听到形形色色的音乐，参加形形色色的活动，选修形形色色的课。我突然像回到了赤脚奔跑在阳光普照的青草地上的学生时代。校园中，我常躺卧在绿油油的厚实松软的草地上，在那里贪婪地吸收着万里以外的太阳赐予的温暖，枕手朝上看，格外感到天空开阔、明朗。

那个时期，我很少有单独的机会，工作学习之余，几乎所有的时间全被保卫钓鱼岛运动占据。由一九七一年春天开始，“保钓”在留美学人中铺天盖地而来。在国外第一次接触到中国知识分子，开始敢于关心自己民族的命运，敢于公开集会讨论，敢于上街游行抗议。我被这种狂热感染卷入其中，义不容辞地做些筹款演出。因此也认识了一批思想活跃、言词激进、年纪相仿的朋友，其中有一大批是柏克莱的。一九七二年我到了柏克莱之后，“保钓”仍旧如火如荼，不少朋友甚至弃学全职投入。接触多了发现这群朋友是政治上的理想主义者——偏激而又盲目地对中国的社会主义建设、“文化大革命”等等抱有太多的幻想和希望。这热情澎湃的一群，使我马上联想起我所认识的那群对中国的未来充满着抱负和理想，并想对国家对民族作贡献的大陆知识分子，但结果一九五七年在“反右运动”中因敢想敢说，反被扣上了“右派”帽子。“反右”时期我还在求学，虽然只是旁观者，但一切记忆犹新。于是我开始向“保钓”中的朋友泼冷水——将自己在大陆的生活经验以及“反右”时的所见所闻不厌其详地介绍。当然冷水是泼不凉烧得发红的脑袋的，水泼上去，不但热气腾腾上升，也引起叽里呱啦的响声——激辩。

在三藩市湾区期间，工作上我半职任教柏克莱之外也半职任教三藩市州立大学舞蹈系，同时三藩市中国文化中心请我在中心里负责舞蹈部门，开课之外并成立了“长城舞蹈团”。舞蹈进修上，除了每天坚持自练基本功外，我尽量抽空在大学中选没有接触过的现代舞课。但由于与工作时间经常冲突，所以只得在晚间和周末去柯蕾葛丝舞团（The Xoregoes Dance Theater）上现代舞基训课，当时查尔斯·魏德曼（Charles Weidman）常在舞团客座授课，闻名已久，当然得上大师的课。

初接触现代舞，刹那间在我面前出现了一个崭新的前所未知的舞蹈天地。从动作规律到创作题材以及在舞蹈的编排手法上，对时间和空间的利用和观念上，都与我所熟识的那套那样的不同，我感到无比的新鲜和兴奋。一九七二年夏天，趁大学放暑假，我推却了一切演出活动，拿了仅存下来的钱，交了当年设在康涅狄格州的“美国舞蹈节”的学杂费。当时要我一并付住宿费还拿不出，经舞蹈节介绍就住到了在康涅狄格大学执教的朱继荣教授家中，他们全家对我这位不速之客，照顾得无微不至。

在舞蹈节我选的现代舞课的老师是两位教舞的将才，唐·德雷利克（Don Redlich）和珍·路易斯（Jean Lewis）。前者教课时，少分析，少解释，着重自我感受，用的是即兴式、启发性的教材；而后者是一板一眼不厌其详地解析玛莎·葛兰姆（Martha Graham）舞蹈基训中的每个动作的要求，一切循序渐进。对我而言，两者相得益彰。第一次有机会较全面地接触到不同现代舞流派的动作基训和编导方法，而且有机会观摩不同现代舞团的演出和示范表演，一个暑期下来，大大地开阔了自己的思路和眼界，在舞蹈创作观念的改变上，对我的影响和冲击是巨大的。当时促使我不得不重新去思索舞蹈艺术究竟要表现什么和怎样表现的一系列问题。我开始去想也去问：以我所了解的古典芭蕾舞剧，设有纯为装饰的布景、道具、服装，但是除了场面声色、欣赏纯美纯舞之外，怎能进入心境呢？宫廷式的华丽悦目的中国古典舞，或者是雄赳赳的几乎有“超人”舞蹈技巧的革命样板舞，又怎能深入到人性幽深之处？我所熟悉的中国民间舞蹈，虽原始朴拙得可亲可喜，但代表的地域观念太重，尤其民间舞是农业社会的产物，与现代人的现实生活环境、思想方法、感情、节奏都有距离，如何能与当代人产生共鸣？当然舞蹈可以自娱娱人，正像音乐可以陶冶性情增加生活情趣，以及图画和雕刻可以遣怀装饰一样，艺术当然有美化人生的作用，但是泛浅的欣赏，沉浸于声色娱乐部分，绝不是艺术的最重要的目的，至少不是我在艺术上要去追求的。现在说来简单，但当时悟出这些观念，对我是一条漫长的路，不过一旦在路上开始提这些问题了，也就像是拨云见日。从此，我比较清楚地认识到自己目前的思想轮廓，不仅在舞蹈观念方面，也在整个对人生的看法上、价值观上。

舞蹈节之后我又回到了三藩市湾区，继续执教。同时，我有一份极强烈的尝试创作现代舞的冲动。自从开始接受不同的现代舞训练和学习编舞方法之后，似乎使自己觉得创作上的条条渠道都畅通了，但是在具体做时形式与内容怎样沟通？怎样通过形体语言来表达我的感受？这一切都不是想通就能做到的。当时我迫切地希望能通过创作来宣泄因母子离散、离乡背井给我心灵上带来的磨不灭的创伤，圣莫尼卡的唉叹声，仍然在我平日的生活中习以为常地出现。一九七二年夏末秋初开始构思时，我在编舞笔记中这样写：

> 《哀》（独舞　女）
>
> 人在仍存有幻想、仍怀着希望、仍知道哭泣、仍觉得悲痛时，不能算至哀，我所了解的真正的哀应当是“哀莫大于心死”了。人到了那种境地，不流眼泪，没有任何感受，除了心跳和呼吸之外，其它部分整个是空的，一个躯壳。
>
> “呼吸”和“心跳”是人类最原始、最基本的动律，它们息息相关。呼吸也就是“气”的收放，如何在动作中运用“气”，是中国古典舞的一项最基本的同时也是最大的特点之一。而心跳是玛莎·葛兰姆现代舞体系动作的基础和出发点。
>
> 这段舞在动作设计上要巧妙地运用这两种舞共同的特点进行创作。

现在重新看这段笔记，感到当时自己对中国舞该如何走上“现代”这条道路，在观念上根本不清楚，仅表面地从动作上如何糅合、嫁接这方面着手。

我把《哀》的构思向正在柏克莱攻读博士学位的现代诗人王靖献（杨牧）谈了，并请他写一首诗，借以启发之外，也想借助诗的意境使自己不要故步自封在太狭隘的自我天地中。他写了，题名为《秋》：

站在浓霜上
示意，莞尔告别的
莫非是一时错愕
便如此悲哀的秋天！一时
觉得落叶和哀草
都已经编好了，一枚
刻意的指环——
风和血在此交流
撞击跌宕
滑落的叹息

一九七二年尾，《哀》在柯蕾葛丝舞团的小剧场中发表了，第一次编现代舞，内行的反应给了我信心，加上自己总是对刚完成的作品有一种特殊的"幽情"，觉得是所有作品中最好的，以为《哀》将会是"保留节目"。然而一九七四年我在纽约创作了《阳关》，至今倒是《阳关》仍存留在我的独舞晚会中演出，而《哀》却是《阳关》的前身或者说是实验中的一个阶段。由《哀》至《阳关》是我在创作上摸索、探讨与挣扎的一个过程。

这个过程细述起来还得从头开始。在加州大学中任教，固然使我在生活上有了安定感，我也极喜欢校园的气氛和生活。但我在经历了复杂生活的磨炼和多层面的冲击后，心目中想选择的路，不可避免的是创作。创作时脑中的思路没有定向，蹦来跳去；而备课时则必须牢牢掌握循序渐进的方法，有逻辑地去思考教材。创作与教学之间，在思维方法上完全背道而驰。我经常在备课时，思路像断了线的风筝，一下子就飞了出去，然而必须将飞出去的风筝在空中拉回来，系回到教学这条线上。同时，在时间的支配上，教学对我也是一大困扰，经常晚间灵感来时想编舞，但又怕睡眠不足会影响第二天的课；或者是有演出邀约需赴外地时，也只能够安排在周末或假期。无形中规律性的生活变成了我的负担，本来我对规律性的生活，在无创作要求的情况下可以承受，而现在感到成了负担，权其轻重，创作自然更急迫，就不愿再承受负担了。

由于经常到美国东部演出，总会找机会到纽约去参观在那里举办的各种艺术活动，以及去上不同体系的现代舞课，因此结识了不少文艺界的朋友。每次在纽约逗留的时间虽短暂，却使我流连忘返，我深深地被那座城市的艺术环境、强大的生命力和巨大的能量所吸引。心目中确认：真正要想学习现代舞，必须到现代艺术中心纽约去。最初有了这个念头我也犹疑顾虑过，好不容易才安定下来，一切又要重新开始，前途又将是什么呢？但另一个意念同时在提醒我，当初我抛下一切，并不是去追求生活上的安定，名利地位如过眼云烟，自己是再清楚不过了。难道现在仅仅是为了眼前生活上的安定，而放弃心目中确认的目标吗？我已跨越了太平洋，离开了那片熟识的土地和在上面安的家，现在，在同一个陌生的新大陆上，由西岸加州迁移到东岸纽约，那又有什么不同？我又怕什么呢？实际上从离开了和我儿子刘继成同住的那个家之后，我的家就在我的箱中了。这几年我已习惯于拎着箱子东飞西跑，反正走到哪里也都是一样的，箱子在哪里，哪里就是我的家。想到这些，我就再也不犹疑了。虽然离开加州后，眼下我只有在麻省理工学院（MIT）当一个月“驻院艺术家”（Resident Artist）的约请，但我还是做了拎箱子到纽约去的决定。

这次箱子和开盘录音机一起塞进了我的汽车。车前侧那根天线杆上

七十年代初，江青初次到纽约和弟弟江山在赫德逊河上。身后是正在建造中的世贸大厦。（柯锡杰摄影）

绑上了一枝鲜花，那是前一晚朋友们在欢送会上所送的一千多枝花中的一枝，它带着湾区朋友们给我衷心的祝愿伴我一路向东去。正好有朋友要顺道去东岸，在时间上我没有任何约束，于是花了九天的时间从容不迫地横贯美国。车子绕去大峡谷，穿过黄石公园，一路上搭篷露宿，观山玩水，把车上的家开进了纽约曼哈顿。

一到就先要解决住的问题，二弟江山在纽约哥伦比亚大学念书，他帮我在六十街东区一座旧楼中找到栖身之所。爬四层阴暗又吱吱作响的楼梯才到我那层，踏门入屋，旧浴缸就卧在正中央。不洗澡时将浴帘拉好，那间屋子就算客厅；开饭时浴缸上架块板就成饭厅；有客人来，在板上铺上被褥就是客房。薄木板墙的另一边，可以放张小床，就是我的卧室。

马上得寻学校，觅工作。玛莎·葛兰姆年轻时的舞伴、编导史都华·霍滋（Stuart Hodes），那年刚任纽约大学舞蹈表演系主任，我和他定了约见的时间，结果搞错地址，迟到了近一小时。等我气急败坏地到了大楼，又推不开上楼梯的铁闸，急中生错我按了警铃，整座大楼铃声大作。就这样我第一次见到史都华。他见我着急加窘迫，语无伦次地说不出所以然来，就递了杯冷水给我，要我先静几分钟，再开始我们的谈话。他对舞蹈事业充满了热情，对人自然流露出来的那种同情和关切，都在他的待人接物与交谈中表露无遗。在他了解了我的境况和需要后，立即建议由他出面邀约纽约舞蹈界的人士，到大学的小剧场中来看我的示范演出，本校舞蹈系的学生也可借此多个观摩机会。示范演出的那天下午，舞蹈界来的人不少，是史都华抓住我的手，向纽约舞蹈界敲的门。

演出之后，史都华表示随时随地欢迎我去纽约大学上他的课。克拉克中心（Clarke Center of Performing Arts）的负责人露伊丝·罗伯茨（Louise Roberts）与著名的“荷顿”（Horton technique）舞蹈教员桑玛·希尔（Thama Hill）是同来看演出的，他们热情地要我去中心上课。去了发现乔易丝·崔斯乐（Joyce Trisler）也在中心教“荷顿”，很庆幸遇到两位好老师。学习“荷顿”时发现，动作特点与中国舞有大反差：中国舞完全是在圆和弧的运动线上进行，手部动作尤其复杂、细腻；而“荷顿”动作几乎一律以直线运行，手部动作简洁，不带任何花巧。这一基训对打破我在动作上根深蒂固的习惯性框框很有帮助，于是认真地学下去。不幸的是七十年代中、后期，两位老师先后故去。如今，除了我保留了下来乔易丝在一九七四年特为我编的独舞《尼姑的独白》之外，我也可以根据从这两位老师那里学到的再加上自身的体会，在现代舞课上教“荷顿”派系的基训。

纽约大学示范演出中遇到了至今仍然私交甚笃的安娜·基舍歌夫（Anna Kisselgoff）。那时她在《纽约时报》任舞蹈专评，演出后有人给我们介绍。当时，由于影剧生涯对我的影响，我对新闻界余惊未了，因此对记者一律采取敬而远之的态度，但她流露出来的一种对人的敏感和平实的作风却引起了我的好感。之后我们开始有了接触，由于她母亲是

1974年，乔易丝·崔斯乐为江青编的《尼姑的独白》。(夏阳画作，柯锡杰摄影)

汉学家，因此她自小的生活环境和中国有“牵连”，对中国的了解无论是对文化和对人都比一般的西方知识分子多得多。一开始学习现代舞，我就很清楚自己并不想专门学习某一流派的舞蹈语汇，或者想报考任何著名舞团作舞者，我全心一意想将来搞自己的创作，因此希望安娜能推荐一位经验丰富而又较全面的现代舞老师。根据她长期评舞的经验，加上与舞者的接触，以为玛莉·安东尼（Mary Anthony）的现代舞教学中规中矩，是综合性的却又能自成一格，许多专业舞者都在那里上课。我去试了，果然是位难得的好老师，之后，我多年在那里上课。在玛莉的舞蹈工作室中，我也有机会参加安娜·索柯罗（Anna Sokolow）在那里定期办的编舞课。这两位前辈的敬业精神和一丝不苟的艺术态度，给我树立了作为严肃的舞蹈者应有的风范和榜样。

为了去了解各种不同的创作方法，掌握更丰富的语汇，以打开自己创作上的途径和视野，那些年我在纽约，在不同阶段里，无论是基训或编舞总是选不同流派的课去上。我也逐步地意识到，现代艺术的创作者，除了本专业外对其它艺术形式也必须有足够的认识，更重要的是必须对周围的社会、人物、环境、心态、生活等加以关注和了解，要设法去捕捉复杂现代社会的特点和命脉。对一个有心想被现代都市生活“污染”的人，想在艺术上被潜移默化的人，纽约都提供了一个耳濡目染的大环境。

但在纽约要维持生活和学习，没有固定收入相当困难。虽然我当时有不少示范演出，但都属于大学中的文教活动，演出后能收支两抵已属幸运。于是一九七三年秋天，我在纽约市立亨特大学（Hunter College）开始半职教舞。除了借此维生，也可以利用大学中的舞蹈课室，晚间搞排练和创作。当时，“纽约华美协进社”已经应允协助主办我在纽约市会堂（Town Hall）举行的舞蹈晚会，并邀得纽约中乐团伴奏。为求格调统一，以及考虑到在纽约，只能打有把握的仗，所以决定只演清一色中国舞节目，而《哀》不包括在其中，况且我感到在现代舞编舞上，自己尚未成熟。

舞蹈晚会中的大部分节目是特意为纽约的首演编排的。共十位舞者，道具、服装、布景都需要制作。母亲又是我最好的后盾，根据所需，出钱出力在香港定制了一批，其它的就在纽约请人设计制作。从筹划到公演，用了半年的时间，我任舞者之外，由编到排全权负责，还要顾到各种繁琐的事务性工作，经费永远最伤脑筋。我没有工作成绩，没有资格申请公家补助，“华美”也仅限于负责租用剧场、广告宣传、乐队开支三项，而不包括其它制作上的支出。我朋友中有许多热肠人，有力的出力，有钱的出钱，终于把晚会促成了。演出前不但我囊空如洗，连二弟也被我一把拖下水，心甘情愿地被清洗了一番。一九七三年十一月七日，在有一千多座位的纽约市会堂公演时座无虚席。

次日《纽约时报》当·麦当奴（Don McDonagh）对那晚的演出给了我这样的评语：“江青的反常轨‘大跳’能得玛莎·葛兰姆的欢心，

而她古典舞中的‘大踢腿’会使乔治·巴拉钦喜悦。同时她所表演的中国舞能让任何人都欣赏。……她是一位优美、风趣而又有力度的舞蹈演员。”（Chiang Ching does eccentric leaps that would please Martha Graham and classical grands battements that would delight George Balanchine. She also does traditional Chinese dances that would please anyone… Chiang Ching, who is a dancer of grace, humor and strength.）《舞蹈新闻》（*Dance News*）的慕瑞·布劳得曼（Muriel Broadman）在评论中写道："江青只在她的二十年华，但是她运用身体的能力以及艺术上的才华，都是非凡的。”（Chiang Ching is only in her 20's but her mastery of her body and her art is phenomenal.）似乎所有的报章上的舞蹈专评，都对这次纽约的公演评价甚佳。在纽约正式踏出的第一步，给了我莫大的勇气和信心。本来我毫无自组舞团的计划，但现在似乎是有水到渠成的趋势，弃之可惜，于是决定顺水推舟继续下去。行政上我知道成立舞团需要注册、找团址、申请基金等等。但是，在艺术上呢？我并不满足于紧抱着已会的那一套顺水流，艺术专评上得到好评固然便于申请基金补助，易于得到演出机会等等。但，这并不代表了我个人对艺术上的追求和舞蹈对我的意义。

公演之后，依然难挥去像“堕胎”后造成的情绪上的极低潮。与此种低潮作战有如“防洪”，为免于被洪水吞噬，我替自己早早做了准备——报名学制陶。以往的经验告诉我，一味地做饭给自己吃，是再也填不满“堕胎”之后，身体中剩下来的那个空洞的。况且对吃我会内疚，边吃边后悔，因为需要惦着“减肥”，怕体态臃肿会影响线条和灵活。而学制陶——和泥、捏泥、打模、上釉……自己不但触得到也看得见，边揉边想的同时还可以清楚地感觉得到，一切都在手指尖上慢慢地成型。由于学制陶纯粹是自我“防洪”措施，因此只想做实用的茶杯、盘、碗之类，器具烧出后，在家中可以派上用场不说，亲手做的东西，盛上吃的，味道也格外香些。但过了一阵子，我也开始任意制些有趣的玩意儿，一朵花、一片叶或者是纯抽象的造型，不再受上磨打坯的束缚。自从我开始想在制陶时任意发挥，想要摆脱技术上的束缚时，我又想到了初试的现代舞《哀》。从这个连带关系中，我察觉到任何一件事情，都错综复杂地和无数件别的事情相关联，这绝不是一个偶然的巧合。学制陶不但帮助我渡过了低潮，还在造型的感觉上给了我许多启发，同时从实到虚的制陶过程中，使我意识到这正是我在舞蹈创作上该继续走的路子。

于是我又从《哀》入手，再看两年前《哀》的编舞笔记和杨牧的诗《秋》，我意识到这种阴阳倒置的做法，会使自己在创作上受极大的局限，或许还会造成“致命伤”。根本原因在于：如果我能以文字或任何另外一种形式，更传神地记录下自己的感情经验，陈述思维过程，那我也就完全没有必要成为一个舞蹈创作者了。况且舞蹈有其一定的艺术形式上的特点，搞舞蹈创作，还是要从肢体语言直接出发。尽管可以用文字在笔记上写下所有的概念、构思、设想……也不必管这一切是如何的雏形、原始，以文字一点一滴记录下来的感思是极有帮助和有启发性的，但万万不可先由文字着手，再以舞蹈语言去阐述或诠释那些文字中显现出来的意念、感觉、意境和情绪。之外，《哀》的创作，无论是在构思上或感情上，都太深地局限于个人经验，我需要把作为艺术形式的悲情和实际生活中的苦难相区别，不能把这两类不同的经验完全视为一类。在表演上也如此，虽然《哀》是一个抒情的作品，还是应当控制自己，超越到纯情感的上面。因为现代舞是从写实走到表现心理意识的抽

经常和纽约的中国画家们在一起。左起：韩湘宁、费明杰、夏阳、柯锡杰、张蓓蒂、蔡文颖、比雷尔、江青。

象层次，不可能将潜意识非常具体地表现出来，所以应当在表演上舍去细部而通过肢体的运行、静止的造型，以及在对整个节奏的掌握和舞台调度上，给观众一种整体性的印象和感受。

重编《哀》时，与住在纽约的现代音乐作曲家周文中夫妇结识，听到了他作的钢琴独奏曲《柳色新》（*The Willows Are New*）由夫人亦安弹奏。此曲是由古琴曲《阳关三叠》作基调发展而来，但在他的音乐中多采取持久停顿，打破现实比例，少用连贯性的节奏。它不事华美而力求真纯，它摒弃雕琢而全凭洗练，与我内心有一种难以言传的强烈共鸣。我不想去诠释音乐，正像创作《哀》时，不该先由文字上着手。我应当去捕捉音乐给予我的灵感和激情，就像在面对一张可以震撼我的现代画一样：乍看时不必多想或细究，而只是去感受整张画带来的神韵和意境。然后，也许可以再去推敲画家的笔触、色调、布局和风格，我如此打比方，是因为我开始懂得去欣赏现代表演艺术，是从学习欣赏现代美术开始的。在纽约住下后，和美术界的朋友们的接触，促进了我对美术的浓厚兴趣，几乎每周都去参观博物馆、画廊以及各类型的现代美术展。看得多了，自然会逐渐地领略出作品中的神髓，并直接由其中揣摩及熟悉它的表现手法。从学习去欣赏和理解不同的现代艺术这种美感经验，使我领悟到：虽然每种艺术路径不同，但似乎都是引向同一个出口，而且入口也全是相通连的。

自从听了《柳色新》后，想在《哀》的基础上创作《阳关》的强烈愿望，如箭在弦上。得到了文中拿《柳色新》音乐编《阳关》的许可后，我茶饭不思，不到十天的时间内《阳关》就完成了。作品中所抒发的，可以说是我这一部分的生活经验和感思的重现：一九五六年别离上海的亲人到北京，一九六二年别离故土到香港，一九七〇年别离幼子到美国。这一系列的别离都曾使我深陷不同样的莫名的哀失中，同时，每一次的环境上的变迁，都使自己备尝在异乡的空虚和渺茫。一方面《阳关》可以抒发我个人和凡人都会有的对人、对时、对地、对事以及对物的别愁离绪的情怀；在另一方面，对我更重要的是：《阳关》在抽象的意念上代表了生命之转折点。相信每个人在人生之旅中，无论是“心旅”、“行旅”或者是“征旅”，都有不少次在不同层次和不同程度上的转折的。

我到美国之后，在舞蹈艺术生涯中，概括来看，一九七一年在加州头一次作舞蹈示范演出，一九七二年得到在加州大学柏克莱分校执教机会，一九七三年首次在“纽约市会堂”作舞蹈公演并自然地促成了“江青舞蹈团”的成立，这些都只是我在从事舞蹈上迈出的不同几步，并不是我艺术生涯中的“阳关”，而一九七四年作品《阳关》的出世，却是我创作上的转折点——艺术生涯中的“阳关”。

《阳关》是我保留下来的第一个现代舞作品，直到目前，也是我唯一的一个从创作完成至今未曾修改过的作品。也许是由于它和我某一部分珍贵的生活经验息息相关，使我对它也就有一种莫可名状的“偏爱”。

1974年，江青的第一支现代舞《阳关》。（柯锡杰摄影）

《阳关》开辟了我创作生活上的阳关大道，大道无边也无垠。这以后我一直在从事现代舞创作，在创作上我所遵行的也正像我在《阳关》的节目说明上所写：

> 王维《渭城曲》的结句“劝君（我当）更尽一杯酒，西出（越过）阳关无故人”。古时（今日）出了阳关，便是塞外（大道），旅客（我已）过关而去，每每有一去难返之意。

难忘的演出

（柯锡杰摄影）

从十一岁开始，正式上台演出舞蹈，至今已有三十多个年头了，这段时间不能算短，尤其以舞蹈演员的舞台寿命而言。时间上拉得这样久，我已无从计算自己究竟上台演出过多少次，具体演出过的剧目也很难一下子列清楚。

演出对我最吸引的仍然是观众未入场之前，那最寂静的片刻。独自默默地站在没有打上灯光的舞台上，朝空无一人的观众席上望去，整个剧场似乎和我的身心一样在屏住气息，酝酿着情绪，静候着重要时刻的来临。

但是，并不是每次演出之前，我都有机会拥有这片刻的。尤其是在巡回演出时，照例的永远是大清早从后台的门进去，进去之后就立即开始部署晚间上“战场”——装台、打光、合成、走台，化妆、热身……往往一直要忙到观众快要进场了，才慌忙由台上撤退下来。不是在拉上大幕的舞台上，就是在侧幕边，一边听着观众入场后的声息，一边设法定下神来，做最后必要的“备战”和热身。演出之后卸完妆已深更半夜，就又由后台门出去，几乎永远是连剧院正门和前厅是个什么样子都不知道。

可是每次演出之后，有一“关”总是难逃——“降温”。在舞台上演出，即使从舞台这头踱到那头，或者光站着不动，也需要精神高度集中拿出全副精力。尤其在作为一个独舞演员时，我是台上的唯一目标，任何时候只要稍一松懈，全台就“走神”，控制不住舞台也就抓不住观众。往往静比动更难，在静中，单独一人要将巨大的整个舞台空间“填满”，是需要极其多的能量的，也许就是一般人所谓的“气”吧，以“气”来填补空间，在无形中控制舞台。在演出时，往往自己也从温到热，最后上升至沸点。但曲终人散，要从沸点降回到通常体温，实在不是件易事。尤其在巡回演出时，回到永远是空的“牢房”——旅馆房间，将仍在冒着热气、渗着汗水的身体，浸泡在整缸的热水里，想解除疲乏，虽然身体能松弛下来，但精神仍在昂奋状况下。此时，刚才在演出中用的音乐，就开始反复不断地在耳中播放起来，而且永远是同样的那么两句，像出了问题的唱片，折腾得没完没了。而与此同时又开始反省思“过”起来，总是会懊恼与惋惜演出中间某一部分未能达到可以达到的理想，无论是在动作和表演上，或者是在灯光、音乐及舞台装置配搭上，或多或少地总是要出些纰漏的。记忆中几乎没有一场演出可以做到“全美”，所以，后悔和自责也就成了演出后的固定消夜了。

出门巡回演出，往往第二天不是仍有演出，就是安排了教课和专题讲演。所以我既不敢多喝酒也不敢吃安眠药，生怕影响了第二天的工作，越是心焦想逼自己去睡就越难入眠。

记得有段时间，旅馆中的糖果贩卖机成了我演出以后晚间最要好的朋友。无聊之下，把糖一块接一块从机器中按出来往嘴里塞，糖果机附近也总有一部换钱的角子机，使我不必为没有零钱担心。最终，糖果机让钱角子填得饱饱的，而糖下了我的肚，我仍然是空空的。经常糖果机被我按到无糖可出时我才罢休。转头回房睡时，往往天已开始发白了，在寒气袭人的“牢房”中，躺在冰冰凉的床上，拥着凉冰冰的被，此刻，我才意识到自己已降了温，而且跌到了结冰的零点。

即使如此，舞台演员仍然觉得上台“过瘾”。上瘾成癖的原因，以我的体验来讲，主要是在舞台上的短暂时间内，可以暂且脱离现实，生活在截然不同的甚至无我的境界中。舞台演员当装扮好了走到舞台上时，他已经不再是现实生活中的自己，而变成了一件通过创造而产生的“艺术品”。

能浑然忘我是一种极大也是极奢侈的享受，当然所付出的代价也是巨大的。舞台表演从某一个角度来看，有如军队“养兵千日，用兵一时”。舞蹈演员在基训中、排练时，花费了如此久的时间，消耗了大量的精力，而在舞台上“用兵”仅是“一时”而已。也正因为如此，演员上台如上战场，将一切抛诸脑后，奋不顾身地投入其中。由于舞台表演艺术的价值是在表演进行中的那个瞬息间显现出来，好比流星在天空中瞬间的闪烁，演员在台上的那一瞬间，会觉得自己有光有热，都竭尽所能地在享受那瞬息间的光和热。演出灯光熄灭后，又如流星坠落后的夜空，一切消失得无影无踪。但从另一个角度看，演员在舞台上时，心态如赌徒，赌徒在豪赌时，倾其所有，孤注一掷。当然逢赌必输也是必然的结果，演出之后被挖空掏干的身心，与输得倾家荡产的赌徒在心态上别无不同。

这一种在演出之后的心态，也反映在我对“舞评”的态度上。每当演出之前，尤其是在有新作品要发表时，我会顾虑作品是否能让观众接受或欣赏，也担心专栏舞评人在报章上的评价。当然作品对作者的意义和价值，应当作者本人最清楚，不是取决于几位权威舞评人或观众的喜恶。无奈一般观众对权威“信仰”，同时对大众传播工具有一种依赖心理，所以“艺评”家往往可以操纵一个作品的生杀大权：直接影响到票房收入，决定剧目继续上演下去的可能以及剧团或个人是否能继续得到艺术补助。所以每当我有作品首演（通常在纽约），一方面希望舞评人来得越多越好，一方面又不免提心吊胆，但一到台上，天高皇帝远，我就是玉皇，主宰着天地——舞台。由于天地是属于我的了，才能做到“唯我独尊”，将台下坐着的观众及那些无冕皇帝——舞评人，抛置九霄云外。“谢幕”之后，既然那个“天地”已经不再是属于自己的了，也就无心再理会。演出完毕，只要扪心自问在责守期中鞠躬尽瘁也就应当心安理得，再去理会观众反应，追究舞评，实在是多此一举。

总之，人生中所有的七情六欲、酸甜苦辣，演员都在台上、台下和演出前、后享尽了。这儿写下来令我难以忘怀的有关舞台生活的点滴、片段。

《拔萝卜》与我

萝卜有根，拔出来细看，根部总是千丝万缕，就像我与《拔萝卜》这个节目之间，有许多丝丝缕缕剪不断的回忆。

《拔萝卜》是北京舞蹈学校一个受人欢迎的儿童节目。我在二年级的“实习课”上就开始向编导王连城老师学了。初入舞校我极害羞，不善于表达自己，于是很多事都以笑来替代。王连城老师对我的脾性不了解，开始排练后，我在校园中如遇见他就笑，表示打了招呼，在排练场中，他纠正了我的动作后，我以笑作答，表示欣然接受，这都使他光火，直接在课堂中责备我目无尊长。然而，我仍然羞于开口向他解释，只得苦笑。结果，一味的笑，令他以为我蔑视他，更加恼火了，于是在排练场中对我处罚——置之不理之外，本来有意要我也学第一个出场的小姑娘领舞角色，也当场将我换成倒数第一出场。

排练时我被冷落一旁，叫屈又不服气。于是，就在旁一心一意地学领舞小姑娘的一举一动，王老师在排练中所有的提示，我也顺耳入脑，字字记下。排练前后见无人在场时，自己偷着对镜练习。我在舞校第一次正式上台演出，就是跳的《拔萝卜》，当然跳的是最后一个出场亮相的小姑娘。但是，每逢演出《拔萝卜》，我就提前候场，从侧幕边注意台前领舞演员的演出。

一九五七年，我参加了“北京舞校暑期巡回演出队”，第一站天津。舞校极少赴外埠演出，轰动一时，票子早就抢售一空。白天“走台”，和乐队合成之前，《拔萝卜》任第一个出场的领舞女同学陈蓓娜，突然头晕肚痛，必须回旅馆休息。因为在外巡回演出，一切精简，要临时抽换节目十分伤脑筋。正在舞台监督焦头烂额之际，我不知哪里来的勇气，就自告奋勇地说：“也许我可以顶替陈蓓娜的位置。”在众人半信半疑的注目下，开始走台。我连演带做，一口气将开场那段近三分钟的独舞跳完；接着，又一拍不差、一个动作不丢、一个位置不错，将与小朋友们同心协力把大萝卜拔起，然后欢天喜地把大萝卜抬回家的整个后半段跳完。走台加合乐总共排一遍就行了，没想到竟会如此顺利，我自己反倒吓了一跳。

晚上演出前的那顿晚饭我没心思吃，就留在剧场提前做演出前的准备。趁舞台有空，就在台上一遍又一遍地走位练动作，生怕演出时一紧张出了错，又设法回想王老师在排练中所讲过的提示和要求。

《拔萝卜》照惯例作为晚会开场节目。我在台上侧幕边候场，听到前台开演铃声一阵颤动也紧张地跟着直颤。铃声静下后，我才注意到大萝卜已被放置在台上了，紧接着，大幕向上开启，我的心也随着幕向上提到了喉咙口。当听到台下观众在见到巨大无比的红萝卜时的笑声，我一下子定心了，深深吸了口气，随着急快的锣鼓点，碎步冲上了舞台(动作如此)。

当晚演出结束后，照例地作演出总结，我的脸由于兴奋，仍烧得通红发烫。我只记得扮演大萝卜的陆之中说：“江青拔萝卜时用的力气太大了，我差一点跪不住要倒下来，为了把持住肩上的萝卜不歪，害得我

1957 年，北京舞蹈学校表演《拔萝卜》。左起：陆之中、陈蓓娜、杨福林、梁志明、华莹、陈丽汶、刘大兴、江青。

1973 年，江青在纽约市会堂表演《拔萝卜》。

到现在胳膊都酸。”我一语不发，望着陆之中的大眼睛，只是一个劲儿地笑，算表示了我的歉意，心中乐呵呵的比赛梨的萝卜还要甘甜，消夜时痛快地喝了几碗绿豆稀饭。

此后，王连城老师所有编排的节目：《春雨》、《游春》、《共饮一江水》都选我参加，并在有领舞角色时，选我跳领舞。

一九八二年他到了纽约，是我家的客人，我在自己的舞团排练室中特地为他安排了一次示范讲座。在他比手画脚地介绍完了有关“东北秧歌”风格上的特点之后，要我示范他以东北秧歌基本动律编创的舞蹈——《拔萝卜》，并由他自己扮演大萝卜。快三十年了，我仍然能一拍不差、一个动作不丢、一个位置不错，一口气将前面那段小姑娘的独舞跳完。当我在使劲儿拔大萝卜——王老师时，望着他脸上黑白相间的胡楂子，泪水涌入我的眼眶。

《拔萝卜》这个节目，我由北京中南海的怀仁堂，表演到纽约市郊的儿童精神病院，由中国农村秋收后的泥地里，表演到设备一切现代化的纽约林肯表演艺术中心的艾利士·泰里厅（Alica Tully Hall）。我一共“拔”过多少次萝卜？实在记不清了。在舞校做学生时，就因为“拔”的次数多，使我在不知不觉中，默记熟背下了每个角色的位置和动作，以及由头至尾的音乐旋律和基本配乐。

当我负责的三藩市长城舞蹈团首次要作公演时，我第一个就想起了它——《拔萝卜》。于是，请人照我所唱所说，录制了音乐，排演了。然而不久，我由三藩市迁到纽约，带上了录音带而没搬走大萝卜。

当自己筹划在纽约市会堂第一次公演时，我又想起它，而且是我整个晚会节目中唯一一支不是我自编的舞。结果在纽约又需要再做一个大萝卜。这次的萝卜做得比以前的都大，由于搬运不便，还有段插曲。

自从一九七三年成立了舞团，舞团在正式演出外，还经常不断地作社区服务性演出，如学校、监狱、医院等。由于《拔萝卜》老少咸宜，各种场地都易处理，又无需特殊灯光设备，所以萝卜“拔”了一次又一次。

一九七七年，有一天，要把萝卜搬去纽约中国城，在养老院中“拔”。中国城内有养老院还是头一回听说，当然应当去服务，但临时通知，我只好打电话给正在纽约工作的比雷尔取消饭约。我与他一九七五年在林肯中心的现代音乐会上认识，近两年来，每逢我舞团在纽约有公演，他都恰巧在外地，因此我的演出他一直没机会看。那天在电话中，他主动提出想去养老院看演出，我先犹豫了一下，仍然将演出时间和地点告诉了他。犹豫的原因是：演出场地一切因陋就简，观众又清一色的是风烛残年的中国老人，将会给从未看过我正式演出的他留下什么印象呢？

《拔萝卜》排在最后一个节目，我一出场就看见他远远地站在大厅的一角，也不知他何时进来的。演出结束后，团员照例一哄而散，留下了舞团经理、舞台监督和我三人“善后”。出门后，经理和监督随着演出“行头”上了出租车，萝卜太大放不进去。于是比雷尔扛起了大萝卜，和我一起散步回舞团。看见他扛得心满意足的样子，我知道原来的犹豫是多余的。一路上，我没有再问他第一次看我演出的印象，就像我们相识很久之后，彼此从未打听过对方的背景、事业、年龄……一样。我想他和我同样认为人与人之间的关系、感情的建立，与这些都不相干。两年以来他所了解的我，既不是通过作品，也不是舞台上的，更不是银幕中的（至今他未曾看过我演的影片），他所认得的我，就和他肩上扛着的萝卜那样普通和家常。

曲终人不见

我的名字与“江上数峰青”仿佛有连带关系，想来凑巧得很，这句诗的前一句“曲终人不见”，恰恰也与我的舞台生涯牢不可分地黏在一起。其中以这次的经验为最：

一九七二年秋天，由十位清一色女团员组成的三藩市长城舞蹈团（我在三藩市中国文化中心任职时成立的），要在柏克莱校园的撒拉柏剧场（Zellerbach Auditorium）作首次公演。从筹备到公演用了八个月的时间，而只演一场，这一场由启幕到谢幕总共不足两个半小时。

谢幕后十五分钟，剧场中的观众席上就已经空无一人，我请舞台管理员将大幕重新开启，好让我拾捡台上零散的道具。从台上往观众席上看去，原有两千左右座位的剧场，此时比我在表演时看出去加大了好几倍，显得很空旷。突然像一把尖刀刺在脚上钻心地痛，低头一看，白天走台时扭伤的左脚踝，现在已经肿得和小腿一般粗了。我才想起几个小时前，我在练习“占步”时扭伤脚踝跌倒的事。

跌倒后坐在舞台上，眼看左脚踝像发面一样肿了起来，而且由红转紫。舞台工作人员忙用毛巾包着冰块将左脚包裹起来。然而我第一个反应不是担心自己的脚伤，而是考虑怎样去应付当晚的演出。演出中我担当的比重占节目的百分之八十以上，我上不了台，节目就演不成。我用绝对的口吻对文化中心负责人说：“无论如何也不能延期。”这次演出是费了九牛二虎之力才促成的，到下午为止演出票子已售出了八成以上，延期就等于取消，因为不可能再有经济能力和精力重新安排一切。那就不仅是我，而是所有参与者八个月的艰辛都将付诸流水。尤其舞者都是学生，平日每天上课，都是抽出晚上和周末的时间来排练。马不停蹄的

1972 年秋天，三藩市长城舞蹈团在柏克莱校园的撒拉柏剧场演出的海报。

半年下来，大家都筋疲力尽，一旦延期就会像打足了气的橡皮艇触礁裂口，很快的连人带艇一齐往下沉，再打气怕也浮不上来了。

被工作人员抬去了校园中的医务室，知道脚骨没裂就放心了。央求医生无论如何帮帮忙，让我过去今晚这一“关”。医生拗不过我，在摇头叹气下给我在左脚上注射了止痛药，再用有弹性的厚绷带紧紧绑住脚踝，还给了我一小包止疼片，就放我回剧场了。九位女孩见我回来都松了口气，我怕影响她们的情绪，装着若无其事的样子，独自钻进了化妆间做演出前的准备。上台前，我想活动一下身体都不行。虽然打了止痛针，但只要左脚一着力，就疼痛难当。上台前的三分钟我将绷带解除，勉强将失去了知觉肿胀的脚塞进鞋中。

从上台到谢幕这两个多小时，我将这件“意外”一股脑儿地抛到九霄云外。演出时所有的动作，包括大跳、转，我都不折不扣地做下来了，况且丝毫不觉疼痛。现在刚谢完幕，额角的汗珠还挂着呢，我就已经感到不对劲儿了，左脚一着地就痛得揪心，是因为止疼药失了效？还是因为“曲终人不见”？我支持不下去，吞服了两片止疼药后，匆忙卸妆，然后通知管理员，明天一早再回来清理后台。幸好我的右脚没坏，仍可踏油门开快车。

回到住处，已近半夜。那时，我租了一间半地下室似的屋子，离秀丽的金门公园很近。大概止疼药带有催眠作用，我和衣倒在铺着褥子的地上，就再也爬不动了。顾不了一天没有吃饭的空肚子，这与“堕胎”之后腾出的一个空洞，相比之下又算得了什么呢？也顾不上淋浴，就这样带着舞台演出时留下来的唯一的一点纪念——汗酸，入了梦乡。

一觉醒来，向对着后院的窗口望去，天空还没有发白，知道此刻仍是深更半夜，但是睡在床上翻来覆去无论如何也睡不着了。觉得腹空难耐，起来弄了一点吃的，吃后仍感空得发慌。躺在那里，脑子里七转八弯地使我突然起了一种恐惧感，我想到：舞蹈演出不仅是舞者跳舞，而是必须在服装、舞美、灯光等的配合下才能产生舞台整体效果，其中观众在现场也是一大要素，非要将这些因素统统组合在一起才能称“演出”。而结果，由于自己在台上表演，以致自己辛劳了八个月才作的演出连看都没能看上一眼，就已烟消云散了。况且，我的创作就体现在这十个人身上，这十个人将各自东西，也就是说我的作品已经被消灭了。

这和血淋淋的“堕胎”经验，在情感上又有什么不同呢？头一次我开始逐渐地认识到：编舞构思酝酿期是怀孕——充满了期盼、兴奋、满足、自信；到排演时是临盆——痛苦的挣扎与搏斗，夹带着勇气和希望；而作品完成后应该是诞生——无可言喻的自豪、喜悦、舒畅；可是作品发表公演后是堕胎——充塞着毁灭、沮丧、恐惧、虚空。冷不防地对万里之外音讯全无的稚龄儿子成成的悬念，翻江倒海般席卷而来。那时已经两年多不见他，就是想也不再具体，渺茫得很，千头万绪的乱麻绞拧成了一股粗绳，蘸沾着“堕胎”后淌下的血水，在黑夜中无情地向我抽来。

1967年，江青与儿子成成。

天亮之后，回到医务室做了理疗，换了新绷带，拄着两根夹在腋下的拐棍，回到了剧场的后台。各个化妆间内，就像丢盔弃甲撤退后的战场一样狼狈不堪。朋友们昨晚送来的朵朵鲜花，也像吃了败仗的小兵，个个低着头无精打采，失去了昨晚“出征”前鲜活的神气，有的还是“伤残”——歪了“脖子”、掉了“头”。我把仍然散发出一阵阵汗酸味的服装折叠好，塞入箱中，再把臭鞋、脏练舞衣、发网、头夹、手绢、扇子以及分不出青红皂白的化妆品，分门别类地扔在大大小小的纸箱中。边收拾时边想：会有再用的机会吗？

午后回到住处，闷得手足无措起来，学校有两周的期中假期，我不必回校。上一阶段每天不是上课就是排练，除编、排、跳之外，演出的筹备工作我一手包，每天忙得团团转，恨不得自己能有三头六臂。即使在家，一早一晚也是电话铃声不断，都是为了联系演出的事务。演出一完，铃声也静寂了。脚坏了当然没法练舞，其实脚不坏也没心思，因为我对舞蹈的信心已经开始动摇了，何苦呢？既抓不住，又看不到，更留不住，也填不饱。因为事前毫无精神准备，当孤寂、恐惧一齐来突袭时，我招架不住投降了——把窗帘像投降的白旗那样，不管白天和黑夜，高挂在窗口上，让自己躲避在一个昏暗的世界里，与世隔绝。

昏暗之中我心神不定，坐不住也躺不下，偶尔揭开窗帘角，觉得窗外的阳光刺眼，刺得心烦，它不属于我，我没有勇气面对“阳光”的世界。偶尔间有朋友打电话来问候我的脚伤和谈演出观后感，都要我趁伤多歇歇。全是体贴入微的关怀，但无人理解，我是一个刚“堕胎”的女人，堕胎后腹中的那个空位太大了，不是友情可以填补的。

在分不出白天或夜晚的小房中，那个空位似乎成了洞。我如陷入深洞中的困兽，挣扎着拼命想爬上来，无奈洞坑太深，最原始的办法就是填，于是八宝饭、红烧肉、冰糖、面条……凡是能在住处找到的食物全部往洞坑中填。我填得狠，好像那样才解“恨”，填得累了就躺下，起来了又开始填，填来填去，任你怎么填，永远都满不了。原来是个无底洞。

两周之后假期结束，我只好把降旗——窗帘拿开。在开车驶向校园的路上，我心里直嘀咕，怕学生看见我会大吃一惊，因为我的体重突飞猛进了十二磅。

我一跛一拐地走进课堂，才进门，就有学生把三藩市论坛报（*San Francisco Tribune*）上的舞评塞给我。大标题是“中国舞蹈团舞得灵快”（Chinese Troupe Dances Nimbly）。一看“灵快”字样，我当然惊讶又好奇，接下去看，是这样评的：“江青的独舞灵快奔放，使人屏息止气，而其表达力又能变化无穷。”（Miss Chiang, whose solo dances were breathtakingly nimble, exuberant and communicative in all their variety.）

在教学时，无法避免在镜中照见自己，看见肿起的乌青左脚踝和加大了的腰身，想到灵快两字，不禁啼笑皆非。

狮吼与喝彩

这是演出中台上、台下两幕未经过排练就上演了的片段。

第一幕：狮吼

演出日期：一九七二年四月二日

演出地点：纽约培士大学（Pace College）剧场

表演者：江青

纽约中华文化协会请我从三藩市到纽约演出，演出之后并放映我主演的影片《西施》。选下城区的培士大学剧场作演出场地，主要是考虑到离华人聚居的“中国城”近。不久前纽约哥伦比亚大学也请我作过示范演出，虽然在华文报纸上发了消息，但因为哥大在上城区，去看演出的中国人，寥寥无几。

那些年，我主演的影片仍经常在“中国城”影院放映，拥有不少影迷，加上是我首次在纽约的华人社区演出，因此演出时逾千座位的剧场不但座无虚席，也无立足之地。纽约华语电视台安排了现场录影，准备转播。

第一次在中国社区演出，不得不考虑到观众是以影迷居多，纯示范性演出观众会觉得过于学术性、枯燥，因此我把三藩市州立大学班上的硕士生杨月好请来，与我配舞外，也与年前到洛杉矶找我、想学习中国舞而认识的“舞蹈狂”林怀民一齐配舞，正好他当时在纽约玛莎·葛兰姆学校习舞，这样节目内容会多变丰富些。

观众入场后，我从台上听到那么多熟识的乡音，一种无比的亲切感

1972 年，在纽约 Pace College 演出的场刊

油然而生。开场铃响后，像往日一样，观众席灯光渐暗下。

第一支舞是我与杨月好合跳的“东北秧歌”。台下咔嚓、咔嚓的相机声与喧闹的锣鼓乐声交织在一起，倒不显得太刺耳；闪光灯在全亮的舞台上闪，也不显扎眼，可是骚扰了我的情绪。我当时就意识到了，大家是来凑热闹看明星的，并不是来看舞蹈演出，心中很不是滋味。

接着放映林怀民示范的“舞蹈动作短片”。我顾不上更衣，抓住舞台监督，要他在“短片”之后宣布：演出进行之中不准拍照。似乎观众充耳未闻。当我再次与杨月好合舞，在台上看见观众在台口走来跑去取角度拍照。这个节目舞台灯光较暗，闪光灯一闪一闪的，完全破坏了灯光效果。舞毕我顾不得谢幕，气急败坏地下场，质问舞台监督：“是否刚才只是用英文宣布了场规？”于是他再次打开麦克风，用英文重复了剧场规定，并强调用闪光灯会令舞者失去平衡，导致扭伤的可能。我也先用“国语”又用广东话复述。

上半场的最后一支舞，也是我表演的第一支独舞“蒙古舞”。开幕前我吐了一大口气，想把那些因观众拍照片引起的不愉快情绪赶跑。我在台中央底幕前背对着观众跪好后幕开启，随着舒缓而豪迈的音乐，一

七十年代初，“舞蹈狂”林怀民在舞台上演出照。

系列的肩部动作徐徐展开。我在舞台追光光圈中，四周一片漆黑，咔嚓、咔嚓的相机声如打火机在打火。对舞蹈和舞者的不尊重使我觉得受到奇耻大辱，按捺着上升的怒火，却按捺不住涌入眼眶的泪水。背对着观众舞了近一分钟后，当我拧身面对观众时，一排闪光灯“啪”、“啪”、“啪”……像机关枪一样对着我扫过来，刹那间被“射”得眼前一片漆黑。晕头转向时，仍看到有零星的光在闪动，犹如在晚间放爆竹发出的火花，我气得就像一枚被火花点燃了的大爆竹，“啪！”地炸爆了。在台上我暴跳如雷竭尽全力地用英文咆哮：“我现在不跳了，站在这里等你们照个够。”正说着，看见台口边一个男观众，仍拎着相机目瞪口呆地望着我，我冲过去指着他用中文吼：“你们敬酒不吃吃罚酒，拿相机的人统统给我滚出剧场。”全场一片哗然！舞台监督一下子慌了，也在侧幕边惊呼，赶紧把台上工作灯打开，然后打手势要我马上回后台。我置之不理，仍在台上怒气冲天地向观众“示威”，他索性将大幕降下，同时我也泪如雨下。此时台下乱哄哄的，不满的叫骂声，口哨声，零星的鼓掌声，议论纷纷的嗡嗡声，都交汇在一起，我自己则泣不成声。记得好像是林怀民问：“下面你要怎么办？”我突然止住了哭，交代舞台监督向观众说明：如果大家遵守剧场规定我就从头再跳“蒙古舞”，否则，今天的演出到此结束。在掌声和喝倒彩声中，我补了一下妆就又回到了舞台上，跪在底幕前再次等待幕启。

演出如常地结束了。在舞台上对着观众和电视摄影机“河东狮吼”的“即兴演出”，当然也入了第二天华文报纸的社会版新闻。“蒙古舞”的剧照是登了，但没有刊登我表演“狮吼”的照片，想必我吼得记者老爷心惊肉跳，当时忘了按相机快门。虽然无相为证，但从此我也就“恶”名在外。第二天早晨，我起床时发现自己本来就沙哑的嗓子，几乎失去了声音。

第二幕：喝彩

演出日期：一九七三年十一月七日

演出地点：纽约市会堂（New York City Town Hall）

表演者：夏志清

首次演出新编的独舞《征旅——花木兰》。出场是“小圆场”急碎步横越舞台，然后一个大跳“后踢紫金冠”，接着打“飞脚”落地，正要接着做“跨腿转”然后“卧鱼亮相”之前，好一声响彻云霄又尖又长的“好————!”在观众席中响起。这声“好！”可将台上的我给震傻了。在纽约作首次正式公演又是新编的节目，本来就胆战心惊，现在被吓得灵魂出窍。知道是纽约“顽童”哥大教授夏志清，按照中国看戏的“规矩”在好意地捧场——喝彩，但心中恼透了，狠狠地在咒他。下面的动作全吓飞了，怎么再往下跳呢？我“卧鱼亮相”停在那里，但稳不住神，心焦如焚哪能记起下面的动作。职业本能告诉我，绝不能“露

纽约"顽童"——夏志清教授

相"——让观众看出破绽。于是随着音乐，继续手舞足蹈下去。在台上即兴表演了哪些动作，我全然不知，只记得当时在台上，一边编，一边跳，一边夹扁了脑袋在想下面可能记得起动作的地方。当那段音乐来了，我就不管三七二十一，顾不了动作衔接得是否顺畅，就好像快被大浪冲走时忽然发现一根漂过来的树干，一下子扑了上去，拼命搂抱住任水推流。在台上，当我重新接上动作后，动作一个接着一个地随着音乐从我身上流出来，一路舞动下去。当然这是由于演出前排演了千百回，动作早就"长"在自己身上了的缘故。

演出结束后，在酒会上见到笑逐颜开的夏志清，他得意地说："我在台下给你喝彩，叫得好吧！"我的气早就消了，说："你的一声'好！'差点送了我的命！"

重登旧台

一九八〇年春天，中国舞蹈家协会与北京舞蹈学院，联合邀请我回国巡回演出（内部观摩性质，只售票给文艺界），根据演出内容，定名

江青与董亚麟在排练双人舞《……之间》。

1980 年江青与董亚麟在北京的第一场演出中，表演 Stuart Hodes 编的双人舞《祈祷》。（沈今声摄影）

为“现代舞演出作品介绍”。

一九七九年下半年，计划定下后，我就与董亚麟（江青舞团副团长）开始不分昼夜地在舞团排练场中准备了。当时，在中国是第一次正式举办这样性质的现代舞演出，自觉责任重大，同时对我而言，能将所学所得的西洋现代舞介绍给中国的同行，也将是我从事舞蹈以来最有意义的一件事。

为了使大家对西洋现代舞有一个较全面的鸟瞰，我精心选择并邀请了美国不同流派的现代舞蹈家，为我两人编排独舞及双人舞。晚会节目由十支舞蹈组成，其中一半是特意为这次演出而新排的，将来都不会在我本团的演出“保留节目”中。在短暂的数月中，要排这么些不同性质的节目，还要准备示范课教材，替母校搜集舞蹈资料，筹备演出用的音乐、服装、道具等等。近半年下来，除了满腔的希望、热情和理想，体力、精力、时间、财力都为此行耗尽了。

这是我一九六二年初离开中国大陆后，首次回北京。北京是巡回演出的第一站，而演出场地就安排在我母校那个有八百余座位的剧场中，也就是一九五七年我二年级第一次登台的剧场，一转眼二十三年了，又回到了原舞台。

在校的六个年头中，不知道在这个剧场的座位上度过了多少晨昏——看学校演出、观摩外来剧目，端着饭碗看排练、听学术报告、开政治动员大会……也再也算不清就在这个剧场的舞台上，排练时洒下过多少汗水？演出过多少次？得了多少舞台经验？周末无家可归时，就睡在舞台银幕后面的地毯上看电影，这样又消磨过多少夜晚？

剧场里，一切没变，原来的木板靠背椅，原来的洋灰地，原来的紫红布窗帘，原来的厅灯，原来的舞台上也依然是原来的窄木条地板，原

1980 年江青回国巡演，在北京首演后与诸位师友合影。左起：俞慧钧、贾作光、陈锦清、江青、戴爱莲、董亚麟、李承祥、李超、张旭、李正一（右一）。

1980 年江青在北京火车站与师友合影。左起：孙光言、江青、钟润良、陈锦清、潘志涛。

来的大幕，原来的吊杆，原来的那条我在上面消磨过不知多少时光的地毯，仍原来的模样躺在原来的底幕前。一切那么熟悉和亲切，而又那么样的令人不忍卒睹和心酸，如同一九七八年，在将近二十年的分离后，重返上海重见家中的三老那样：饱经忧患但仍然坚强地支撑着以度风烛残年。剧场里灰蒙蒙的，覆盖着一层薄薄的尘土，像老人脸上的风霜；观众席的木椅，坐上去格格作响，像老人身上的关节；大幕要关上合不拢，要打开又到不了头，像老人的手；荡挂在舞台两侧皱巴巴的侧幕条，像老人脖子上的皮；舞台上的窄条木地板，已腐蚀得龇牙咧嘴的了，像老人口中的牙床。对这个台就像对家中三老一样，看到时虽悲怆之情不可言喻，但见到他们才打心底感到踏实下来，体验到“回家”到底是怎么回事，而产生一种迫不及待地想拥抱和抚摸他们的冲动。

通常出门演出，如果舞台条件或灯光设备不符预期理想，我容易犯急，因此舞团演员们送了我个“救火车”的外号。可是这次我表现得反常，不慌也不忙就像心安理得地在家中。在走台、对光、合成的整个一星期中，每天睁开眼后擦把脸，就去剧场了。与舞台监督、以前教我“毯子功”的张佩苍老师一起设法克服种种困难。记得以前上他课时，我胆小不敢自己过“前桥”，他还用手中的小棍吓唬着要打我。现在在他指挥下，屋顶漏雨我就到原来的学生宿舍借盆来接；雨水滴在舞台的灯光上，灯泡炸开，碎片散了一舞台，我躲过之后就找把扫帚清扫；地板龇牙咧嘴的，我就先拿榔头敲，再拿地板胶布贴。排练排得饿了，就自己上隔壁原来的饭堂喂五脏庙，好在仍然是原来的大师傅，他居然还记得我小时候最爱吃麻酱花卷和韭菜篓，所以特意给我准备了。我呢，也依然是原来的口味没改。

随着开演日期一天天地逼近，我的精神负担也一天天地加重，旧地

演出结束，结伴去颐和园游玩。左起：张佩苍、张予懿、江青、比雷尔、沈文奎、沈元敏。

重逢和旧梦重温都引起了自己许多慨叹，即将到来的旧台重登更使我百感交集，几乎夜不成眠。舞台合成后一切就绪，但我心慌意乱，上台演出这样久了，一生中还没有为某次演出这样担心过。我怕由于求好心切，结果弄巧成拙而影响演出水准，也生怕自己过于情绪化而无法控制，我甚至怀疑自己能否过这一“关”——上台？

首演那天晚上，剧场中早就坐满、站满了人，就像当年我当学生时一样：走道上和窗台上堆满了人。我知道今天的观众全是舞蹈界的，其中有同甘共苦过六年的同窗，有几位甚至千里来相会，还有多位曾悉心教过我的老师；猜想大家的心情也会和我此刻千头万绪的心情一样。我说不出心头是什么滋味，从进后台化妆开始，就不由自主地直打冷战，嘴里也吐不出一个字来，好像一张嘴，泪珠就会从嗓门眼里滚出来。

开演的预备铃响了，啊——怎么？居然与原来的上课铃声完全一样。原来的铃声将我带回到原来的剧场里学生实习演出的年代。我顿悟：“为什么不把今晚的演出，就当做是一场实习演出呢？这场演出无非只是向母校汇报：我在离去后所学所得……”

正想着，开演的铃声响了。张佩苍老师执行他舞台监督的职责走到侧幕边来，就像二十年前上他“毯子功”课那样，当他要我做一个难度大的动作前，总要先安抚鼓励一下胆小的我。他按着我的肩头，嵌在他瘦削脸上的双眼，平静地紧紧注视着我的眼睛，然后他轻微地点了下头，我朝他回点了一下。紧接着，大幕随着音乐慢慢开启，当我迈向打着灯光的舞台上的那一刹那，世界离我很远了。我谁也看不见，原来的老师、原来的同学……一切的一切都远离我而去。

拉萨与不删不改

西藏拉萨，它和我以往所到过的任何一个地方如此不同。从踏上高原吸入的第一口空气中，就可以强烈地感觉到了，它是如此纯净而艰涩；也从望出去的第一眼，就可以被它亮得透明的澄洁光线所造成的诡秘气氛牢牢地笼罩住。五天的拉萨之行，值得写下的太多了，布达拉宫的“唐卡”、八廓街的市民、大昭寺的朝拜、藏戏、青稞酒会……但是，我是为了演出而去的拉萨，所以还是只写与演出有关的片段。

一九八七年，中国舞蹈家协会给我安排了八个城市的“现代舞独舞晚会”演出，其中拉萨是我主动要求安排的，为了几年前在北京对同窗六年的藏族同学强巴平措所作的承诺。此外，去从未去过的地方，对我总是一个极大的诱惑。

回国巡演共七个星期，“舞协”将这段时间平均分配，每个城市前后五天。这样的安排是我到了演出的第一站广州才知道的，觉得非常不切实际。拉萨海拔三千六百米，空气稀薄，一般情况下，人需要几天才能适应下来开始工作，而我是独舞晚会，演出两场再加上教学，五天的时间绝对不够。无奈，因为涉及各地舞协需要重新安排剧场、宣传、人

在拉萨喜见旧同窗。左起：强巴平措、江青、江巴、阿旺洛桑。

员、售票等诸多事宜，原日程铁定不能移。

我与由纽约同来工作的灯光设计席诺（Chenault Spence）和舞美统筹凯丝汀娜（Christina A. Gianinni）由成都上机飞往行程中的第七站——拉萨。在过去的三十天中，每到一地演出，逢人都劝我打消此行。尤其是看了独舞晚会之后，了解到体力消耗之惊人，更认为是绝无可能在短时间内、在缺氧的状况下承担这样的演出负荷量；并且一而再三地提醒我，高原严重缺氧对身体的危害和可能引起的后遗症：会引起急性肺水肿和心肌衰退现象，导致生命危险。妈妈也有长途电话追来，告诉我医学上的常识，千叮万嘱要量力而行，不可玩命。

一到下榻的西藏宾馆，时任西藏自治区文化厅厅长的老同学强巴平措，就与我半公半私地讨论起演出问题。他表示我人到了，也就做到了对他的承诺，目前他所顾虑的倒是我的健康问题，劝我一切量力而为，只教不演或只选演体力消耗量不大的节目，要删要改都可以。从西藏舞协负责人阿旺克村那里，了解到五天行程的安排：六月二日抵达当日，剧场装台，演员休息；三日合成，走台；四日五日晚间演出；五日白天与西藏文艺工作者座谈“创作心得”；六日上午参观西藏艺术学校并教现代舞课，中午观光游览，下午赴罗布林卡宫参加联欢会；七日清晨直飞北京。

我不看场地心不安，于是，当天下午剧场装台时，就与指派给我的年轻汉族女医生一同步行去剧场。刚一出门她就提醒我要放慢步子，以免有高原反应，还说："汉人上这儿来，少说也得歇上个四五天，才能开始工作，前一阵儿，北京来了舞蹈队，有人一下飞机就得用担架抬，我估计呀，你非得要个把礼拜，才能上台独舞。"我随便地问起了她在西藏的生活经验，原来她分配到拉萨工作已十年了，但对地、对人似乎都不熟悉，连藏人每天吃的酸奶、糌粑、风干肉都一概没试过。我不禁纳闷起来，以我的经验，各地饮食上的习惯必定与自然环境和身体需要有关，否则，永远水土不服，与本地人也总是格格不入。我把想法说了，但她告诉我，多数汉人都和她一样，我心一沉。

边谈边走不觉到了"拉萨剧场"，惊喜地发现剧场负责人是同窗六年的阿旺洛桑，我们已二十五年没见。由他口中我了解到：为了我来演出，此地做了不少筹备工作，还特地将"全藏艺术创作会议"的日程安排在这段时间，西藏电视台也将实况录像，日后转播。休息时他命令我喝奶茶，理由是：不然人顶不住，不但唇干舌苦，嘴皮会裂，而且会打内里干得冒火。我一听，咕噜两下，一大碗奶茶就下了肚。同来的医生站在一边连碗都不碰，看他们准备给我倒第二碗时就忙说："别腻着她两天吃不下饭。"我有点不好意思，忙将话岔开了说："你这位医生在此地十年了，藏话一定讲得不错了吧？""说来惭愧，如果我一年学会一句藏话，现在也该会说十句了，可惜我连十句都不会，好在藏人全会汉话。"不料她大言不惭地答我，最后用又脆又响的京片子补上一句："谢天谢地，我明年也该调回去了，那就更甭学了。"看她一副趾高气扬的神情，我替她难为情，也怪我自己多嘴引起这尴尬场面，我赶紧瞄一下坐在地上围成一圈在喝奶茶的藏族工作人员，而他们的反应更令我吃惊，大家似乎充耳未闻，脸上没有一丝不悦的神色，仍然自顾自地在喝奶茶，显然他们对这类目中无人的态度已经司空见惯。

离开剧场前，我找阿旺洛桑“咬耳朵”，为我同伴的出言不慎致歉，他一挥手说：“这算什么，记得你在学校时，我们一齐唱‘苏联是老大哥，咱们是小弟弟’吗？现在是我们叫你们汉族人老大哥。懂吗？”

回到旅馆，一种深重的内疚和莫名的犯罪感使我异常地不安，加上缺氧呼吸困难，一躺下来更觉得胸口格外的闷重，翻来覆去睡不宁。一夜考虑下来，自己是汉人又是从国外请回来，双重身份也就是双重顾虑，言行更要慎重，千万不可伤人，也绝不能令人失望。于是打定主意，一个节目不删、一个动作不改，照原定计划演出。

第二天在剧场打光、合成时，因为剧场设备齐全，人手又够，加上这已是我巡回演出的第七站，一切驾轻就熟，所以工作进行得出乎意料的顺利。休息时我与席诺、凯丝汀娜和藏族工作人员围坐一堆喝奶茶、嚼干奶酪，那种只有住在高山上的人才具有的特殊气质——自然、豪放、憨厚……都从刻印在他们脸上的纹路和朗朗的笑声中流露出来。走台时，突感头晕目眩，所以没跳，只走了一下台位，即使这样也还是有力不从心之感。

第三天演出当日，上午去剧场继续未了的工作，发现节目说明书上，除了“江青独舞晚会”是藏文，其它一律汉文。直觉这样处理，欠缺对当地藏人最起码的尊重，赶紧找舞协负责人寻求补救办法。他表示这是一贯作风，要我不必耿耿于怀，但我以为原则性的问题必须坚持。重印节目单在时间上已不允许，只好决定在每个节目演出之前，先用藏

江青在西藏艺术学校教课。

参观西藏艺术学校后，江青在校园里与校长、西藏舞协负责人阿旺克村（中间持包者），以及美国灯光师席诺（后排右五）、西藏艺校的学生们合影。

语后用汉语，简介节目内容。除了对本地藏族的观众表示尊重，对演出来讲也有此必要，因为在西藏不仅演出现代舞属首次，就是独舞晚会也是第一遭，简介节目内容，便于引导观众思路，增加演出效果。同时，我也需要在节目之间，有充分的时间在抢换服装之外吸氧气。

晚上开演之前，医生将准备好的几个氧气袋，分放在舞台侧的四角和化妆间内。第一个节目《回》，共有八个舞章，节目长度约二十分钟，上台前非吸足了氧气不可。于是在台口，我把氧气管塞入鼻内，像早起深呼吸一样，猛吸了一阵才撒手。

《回》的第一章为“秋月”，第二章为“逗”。跳到“逗”时，只听到了开始的几个音符，往下就什么都听不见了，我没疑心是音响故障，知道是缺氧作祟，耳中鸣响与乘飞机下降时类似。这以后就完全凭本能——练得熟透，整体已形成一种固定的节奏感去支配动作。当然边舞心中边发毛，顺利地将“逗”跳完了。下面一章“山歌”，此章不但动作幅度大，舞台调度幅度也大，我脑子里开始打雷般“轰隆隆！轰隆隆！”连声响，而且有失重的感觉，胸腔也觉胀疼。但是，失落的音符此时又断断续续地跳回来了，我惊喜地发现自己的动作竟与音乐配合得丝丝入扣，不觉心情上宽松了些，一心想要坚持下去。不料，跳到第四章“听妈妈讲故事”时，感到整个人由里面被点燃了，随时随地会爆裂开来，眼前一片黑，脚像踩在棉花上。于是我就趁着背对观众、坐在地上那四拍音乐，朝后台嚷：“我顶不住了，这段音乐之后停一下。”事后回想起，当时在台上我脑子一定十分清醒，否则不可能当机立断做如此决定，因为这段舞结束时，正好是入睡的情节，灯光也同时转暗。黑暗中，我三步并作两步冲向台角，抓住氧气袋的管子，双管齐下地狠狠抽吸起来。顺着吸气，我顿时清楚地感到血液又重新注入体内，顺着血管

江青穿着舞蹈《回》的服装，上台前在台侧吸氧。（凯丝汀娜摄影）

流淌灌溉着五脏六腑，使行将干裂的躯体又重新获得滋润，那种起死回生的奇妙感，实在可称得上："人生难得几回有"。我下台不到一分钟，随后人不知鬼不觉地又潜回舞台上，一鼓作气跳完了下面的四章。

晚会共有九个节目，在每个节目之间，我都与这个救命袋——氧气袋为伍。一边换着服装，一边吸着，一直要到节目简介念完才恋恋不舍地撒手。结果，上半场结束休息时，发现原以为可以足够应付全部演出的氧气，竟已被我吸完了，于是急飞车去取备用袋来。

首场演出按照原定计划，一个节目不删、一个动作不改结束了。夜深人静躺在旅馆的床上无法入眠，难忍头崩脑裂的阵阵剧痛，人像躺在架着柴把的火上被烤得燥热。马上想到了暴毙以及人们曾警告过我的缺氧后遗症，越想就越恐慌，但医生已经回家。最后疑心自己开始"七孔流血"了，开灯查看，床上的枕褥与窗外高山上的积雪一样白净，原来是在"七窍生烟"——火气从各个洞孔向外发散、喷射而产生的错觉。清晨，发现枕头上印上了大束鲜红色的花，夜晚流了这么一大摊鼻血，自己竟毫无知觉。

窗外，迎着耀眼的阳光，白雪依然覆盖在远处高山的峰尖上。深褐色的牦牛颈项上系着铃，腰背上覆盖着一块绣着鲜艳图案的红布，在不远的绿草地上安详地低着头吃草，恬淡的铃声随风飘入房中，心中出奇的宁静。想趁“座谈会”之前到布达拉宫看看，推开房门，门口的地上一大碗白腻香滑的酸奶和一大块用报纸裹上的黄澄澄的奶酪，知道又是热情的阿旺洛桑送来的自家产品。想到今晚还要演出，就又躺回到床上去了。

躺在那里抱着氧气袋，又想起了昨晚的事，演出结束后不知谁在后台讲：“江青，我们都说你不是他们汉人，就是你带来的那两位美国人也比你们汉人强。”“什么你们、我们、他们的，大家不都是一样的‘人’！”我笑着告诉他。

合 作

1983 年，江青在香港舞蹈团排练室中与团员们磋商动作。（香港舞蹈团提供）

“之间”

舞台艺术是综合性的，必须合作才能完成。在合作过程中必须试图将你、我之间的隔阂突破，才能达到在合作中融而为一的“无间”境界，然而这种“无间”是建立在保持绝对的距离上。这条艺术创作中的清规戒律，我是这样开始认识到的：

一九七四年，初尝试编现代舞，战战兢兢的缺乏自信心，总希望听听其他人的意见。当我一口气将《阳关》编完后，马上请作曲者周文中先生来看排练。跳完之后，我问：“你觉得我编的《阳关》是否与你用同一主题所作的曲相吻合？”至今仍记得文中对我所问的回答：“编舞的人大概不应当问作曲的人这样的问题。我在写音乐时，脑中只有声音，记录下来的是音符，一切是纯听觉的，绝无任何视觉上的想象。而刚才，我经验到由纯听觉转为具象的形体，不免会大吃一惊，或者说感到不习惯。但这并不表示我不能接受，或对作品否定，这是极自然的我这方面的直接反应。看后，我可以说我很喜欢你在《阳关》中表达出来的意境。”他特别强调了“你”字，讲时还特意地点了点我，使我悟出在艺术创作上强调“我”——个性、独创、主观，这些最基本的原则。那次谈话后，无论是我与作曲者或与其它艺术形式的创作者合作，我只是去了解或被了解创作意图、结构性设想，而不敢再跨越之间的“雷池”一步。

1974 年，与雕塑家蔡文颖合作舞蹈《变》。

《变》演出后与作曲家周文中在酒会中。

“互助”

倘若合作是建立在互助的基础上，总是使人感到愉快。互助之中可以产生难能可贵的友谊，友谊能够永存。

我在这些年，通过工作中的合作，有幸交了几位志同道合能互助的朋友，想到他们总使我倍觉温暖，见到他们更使我倍增愉快。这里先写“江青舞蹈团”创办初期就开始合作的大卫（David Kissel）。

一九七四年我终于在纽约苏荷区（Soho），觅得一层面积约两千五百平方尺、高度十四尺的库房（loft）。改建后，自己住后面的三分之一，前面三分之二就拿来作舞团的舞蹈工作室。整间房粉刷成白色，舞蹈室的整面墙壁上安装了大镜，显得颇宽敞。

有了属于自己的天地，我创作上的精力似乎更充沛了。有工作和起居在一处之便，作息时间也就无规律起来，白天穿着练舞衣在后面吃饭，半夜里穿着睡袍在前面比手画脚，都是习以为常的事。当时团里需要一位既能负责灯光设计，又能兼顾舞台监督工作的人，经同行推荐，见到了即将由纽约大学戏剧表演系毕业、专攻灯光设计的大卫。美国年轻人沉默寡言、约谈时又不自吹自擂的实不易见，给我的印象他是“少年老成”。于是在去看了他一个作品的设计后，决定试聘一个阶段。

当团里工作不忙时，他就去当出租汽车司机来维持生活，而我当时虽忙于团务、创作和演出，基本生活都靠教舞收入维持。这是大卫毕业之后第一份工作，分外努力投入；也是我首次建立自己的舞团，对建团和节目创作上都有许多设想。在创业精神上彼此相似，而生活方面也同样的在艰苦奋斗中，“力均势等”自然是非常好的合作基础。

与人合作除了自己不是万能之外，在艺术上互相启发也是其中很重

江青（左）与灯光师大卫（右）及友人在丹麦。

要的因素。我和大卫开始合作后，从不与他先谈作品构思或对灯光上的具体要求。通常情况下，总是要他直接看排练，由作品本身入手，并要求他在节目排出了轮廓后，就要开始介入。看后交换意见时，我从他的直感反应或他的理解分析中，往往得到新的启发，他也可以从了解我的思路中，在灯光上作出各种设想。这种创作过程中不断的交流、对话，实际上起到了互相促进的效果，不但促使各人创作思路上活跃起来，也使作品在渐趋成熟时，能形成统一的整体感。

发表新作品的机会增多了之后，我发现许多作品在排练室中"清看"是一种感觉，而搬上舞台，有了观众，再配合上灯光和服装，似乎又可能是另一种面貌。为了训练双眼能把作品的弊病看得更客观和透彻些，我必须多"实验"。大卫对"实验"兴趣也极浓厚，于是我们计议将舞蹈室改装成可容纳五十人左右的小剧场，在节目排得有点眉目时，先在小剧场中作实验性演出。小剧场的临时后台可设在后面我的住处。

没钱只好动没钱的脑筋。约好了一天，大卫开着出租车带着我去兜一家家中国餐馆，到餐馆厨房中收集装五磅清水竹笋的空铁罐。半天下来满载而归。我将几十个铁罐浸泡在浴盆中，第二天刷洗干净再拭

在与舞蹈演员排练时也是合作。（英国诺顿芭蕾舞团提供）

干，大卫就在每个罐底打圆洞，然后我将罐外逐个喷上黑漆。适逢郑佩佩到纽约来探班，在她帮助下，不出几天，几排黑铁罐就靠墙放在地上了。之后，大卫就抽排练中休息的时间，上街买电线、插头、灯泡、开关……一见排练场空闲无人时，就闷声不响地在那里敲敲打打，唯一我能效劳的就是递杯茶水，炒碗蛋炒饭。几星期后，舞蹈室中出现了一套舞台灯光——顶光、面光、区光、追光……虽简陋但基本设施样样俱全，连渐明暗也能做到。他还给自己在舞蹈室的一角，安置了一个灯光操纵台，另外在墙上安装了两排架子，架上既可放开盘录音机，又可放工作时需用的小零碎。他在操纵灯光的同时又可兼做舞台监督，还可控制音响，可谓一箭数雕。

一天，我在“苏荷”逛画廊，发现有一堆黑布料扔在制衣厂门口的人行道上，虽然并不是整幅的，但每幅至少有单人床单那样大，马上想到可废物利用做幕帘。于是赶紧回去拿推车，几次来回就将整堆的布料推了回去。妈妈当时在纽约，就又借用了她那双巧手，几天之后，整幅墙的大镜需要消失时，可用黑帘子拉上遮起来，另一端的白墙也是如此处理。这一来连舞台底幕全有了，况且还能有黑帘和白墙两者可选。这

排练室中，小实验剧场的灯和观众席看台全有了，中立者是江青。

一“整容”，不但对运用灯光增加了可行性，而且看上去也名副其实地像个小剧场了。最后需要搭建几排作观众席的看台，在大卫和团员们一起合作下，不出几天就造好了。

小实验剧场的建成，给我在创作上壮了胆，短时间内编出了不少新的作品。编出后最初都是在那里先“内部公演”——请同行或朋友来看，也偶尔售票给有兴趣的人，演出之后如果发现问题就即时修改，有的作品一改再改之后，才拿出去示众——公开演出。

在那个小天地中，不但我在编舞上有了练习的基地，同时大卫也由于有设备做具体尝试，得到了许多舞台实际工作经验。对两个开始在艺术道路上摸索的人，对尚年轻的舞团，这个小剧场无疑是促进并加速了成长。

仍然记得一九七五年冬天，大卫随我赴瑞典作独舞演出的事。我才发现那次不但是他第一次离开美国大陆，而且还是他生平头一回搭乘飞机。在航空公司所规定的随机托运两件行李的数量之内，我装了全部的演出行头和自己平日穿用的衣物。约定在机场见面时，却发现他带了几大件沉甸甸的行李。原来他为预防万一而带上了一堆灯光器材，在一个箱中还塞了个大医药保健袋，内里应有尽有，连月经棉也包括了。他的解释是，演出时一切要万无一失，除却灯光效果要达到理想水准，作为舞台监督对舞台该负全责。我能说什么呢？只得硬着头皮付了昂贵的超重费。他知道我这次要做赔本的演出了，涨红了脸说："下次我就知道了。"

多年来，他在团里设计了我编排的近二十个节目，并随团巡回世界各地演出，参加了许多不同的艺术节。合作久了，自然地成了能够互相信赖的朋友。随着时空的转移，每个人在不同的阶段，会有不同的理想和追求的。八十年代初期，大卫醉心于利用光作美术创作，需要有稳定的收入和环境，舞团在这两方面都不够条件，结果他在长岛得到了一份理想的工作，又在海边觅得住屋安顿了下来。

近十年过去了，早年合作中产生的友谊却依然存留着。几年前，我有演出上的"麻烦"要他帮忙，他开车赶进城，闷声不响地将"麻烦"解决掉。走前我向他道谢时，他才开口："我们不是朋友吗？朋友就该互助。记住，任何时间都可以来找'麻烦'。"笑容挂在他口边，也映在我脸上。

"面条与 spaghetti"

在电影、歌剧和话剧中，我都担任过编舞或舞台动作指导的工作。

与影、剧导演合作时，我所扮演的基本上是一个诠释者的角色，先了解导演对全剧的设想和意图，然后设法完成自己范围内的工作。这不是完全以己念为中心进行的"随心所欲"的创作，因此不能令我有创作上的完全满足感。

在剧中，导演是全剧的掌舵人，编舞者只是坐在船上抓桨划船的配合者。划船时，不但要与同划船的其他人密切配合，还要随时随地注意舵手掌握的方向，否则会在风格、节奏等各方面失去协调。然而在设计动作时也会受到剧情和词意的局限——既要符合剧情需要，又要与角色的个性相吻合，再要使动作和词意丝丝入扣。我对这一类型的编舞工作，基本上持的态度是拿它作为一项工作去完成。它有它编排上的特定要求和手法，大概拿绘画中的术语“写生”来作比，比较贴切，那就是必须在对景、对物、对人的前提下着笔。写生中除了写“真”，也凭画家个人的境界和品味写“气”，好的笔触在“写生”中也仍然是讲究功力和修养的。我以为一个人的爱好和职业能是同样的，已属有福之人，如果工作能胜任愉快，加上剧目不同，合作的对象不同，工作中会得到各类的教益和不同的经验。

我在舞团“掌舵”了十多年后，又再去坐到抓桨划船的位置，要按舵手所指示的方向划，已不是件容易适应的事。更难为的是上了船，等船离了岸之后，才发现并非驶向自己预期的目的地，但船已离岸，只好抓住桨，坐在自己的原定位置上继续划下去，直至到达彼岸——在舞台上公演为止。这是第一次在歌剧中担任编舞经验到的。

一九八七年，纽约大都会歌剧院邀请佛郎哥·谢弗瑞尼（Franco Zeffirelli）执导普契尼（Giacomo Puccini）作曲的歌剧《图兰朵》（*Turandot*）。图兰朵公主由艾娃·玛顿（Eva Marton）饰演，普拉斯多·多明戈（Placido Domingo）饰演王子卡拉夫（Calaf）。与二十四年前在香港接受编排影片《七仙女》同样的理由：庆幸能有机会与资深导演合作，又能指导名演员。我接下了这个意外的工作（歌剧院在我的电话录音机中留言，约我去面谈）。

以我之见，《图兰朵》的故事环境虽设在中国，但除了普契尼采用了中国民间小调《茉莉花》作主题变奏曲外，其它能与中国沾边的地方却很少。我将这些主观看法直言相告，佛郎哥幽默地说："普契尼是意大利人，我也是意大利人，至少风格上会统一。"固然此话说得有道理，但我一想就马上接下话："我是道地的中国人，那么我的位置怎样安放？换句话说，你要我在这个剧里一起合作，在风格上如何要求呢？"于是他拿出了外文版的宋人山水画、京剧人物造型图等等大堆参考书籍，并跟我谈起多年前他在意大利观看京剧演出时难忘的印象。最后，他明确地要求我在全剧的动作设计上，要具有中国传统戏曲的特点，并特别提出来，图兰朵公主要遵循中国戏曲中唱、做相结合的特色来刻画内心世界，打破以往公主冷若冰霜、只唱不动的一贯做法。艾娃那里他和我一起去做说服工作，结果并未多费唇舌，正式排练开始后，艾娃就每天随我勤练起"身段"来。

排练正式开始前，我特意了解了一下其它部门的设计工作，以便自己在创作时能有一个整体的概念。在我看了整套的布景、服装、道具设计图后，明显的印象是：全盘是意大利式的中国。就好像马可·波罗将中国面条引进了意大利，碗中的面条成了盘上的spaghetti，芝士粉代替了芝麻酱，橄榄油代替了麻油。当然，烧得好的spaghetti是十分可口的，有机会上正式意大利餐馆时，我也必定点它，但是与原中国风味的面条相比，在色、香、味上均大异其趣。

我犹豫起来，不知工作该如何开始。既然这是佛郎哥已经定下的全剧风格，我就必须按照他的意旨去设想自己的部分，否则会和其它部门格格不入。但是以我的背景，许多他的设想又难以使我接受。比方在道具的运用上，第一幕开场时，按照情节，需要制造出一个充满血腥味的

瑞典人民歌剧院演出的《图兰朵》一幕剧照。（瑞典人民歌剧院提供）

北京城，于是他安排了在屠夫刀光剑影之中，群众热烈“舞狮”的场面。按照中国传统习俗，“舞狮”是节庆中表现吉祥与兴隆的，所以我认为于情于理都难以接受。但导演却坚持原设想，于是我只好采取变通的方法，首先将“舞狮”本身假设成是暴力和威权的象征，然后又请道具组的人缝制了大批的红色细条长绸，塞在头形面具中，当舞狮队紧随着手持屠刀的刽子手出场时，在刀光和狮子张牙舞爪之中，红色细条长绸由群众手持的几十个头形面具中流淌出来，借此表现刽子手屠城时群众血流如注。当然，这仍然是十分牵强的做法，但至少在与导演意见相左时，我勉强给自己找到了一个创作上起码的立足点。

合作之中有分工，但我一向习惯有参与感的分工，在介入创作时，总是希望尽己所能、同心协力，使作品达到最理想的水平。主持舞团时，能够与我长久合作的同事，也都是持以同样的态度，因此在我介入他人掌舵的剧目时，也就自然而然地会主动参与。然而，在《图兰朵》的排练中，我就因此挨了记闷棍。

二幕二场的宫廷布景金碧辉煌，服饰上也尽是锦绣罗缎，一眼望去，极尽富丽堂皇，而皇帝衣着由头到脚却是净素黑。一片锦绣辉煌之

每天和江青勤练身段的艾娃与多明戈在《图兰朵》三幕一场中。(纽约大都会歌剧院提供)

中，而恰恰那么一点黑，无疑的是烘托出了至尊无上的帝王。在色调的处理上，我也看出导演独具匠心的安排。然而，按照中国传统习俗，这是重孝，一国之君在国家大典之中，岂可一身黑？我向佛郎哥解释了万万使不得的理由，并建议：不必穿中国传统皇服龙袍，可以在不破坏原设想的前提下，用其它净素色宝蓝或深紫色来代替净黑。同时我还找了许多服装资料让他参考。佛郎哥听我三番四次直接或旁敲侧击地提出修改建议，发现我有“不到黄河心不死”之势，最后用这句话来堵我嘴：“亲爱的，这是意大利歌剧，普契尼和我以及服装设计都是意大利人，我并不是在排中国京剧，何必要遵行中国传统规矩？”挨了闷棍之后，细想之下，发现这种自相矛盾的情况，发生在他也发生在我身上。一开始我就不认为此剧与中国有关，只是将故事发生地点安排在中国而已，而现在却顶真地考据起来；而他一方面在风格上要求纯中国传统式的，另一方面却又完全置习俗、传统于不顾。由于基本观点上彼此有矛盾，导致在排练中经常起摩擦，有次竟在大庭广众之下僵持不下，他动气离开了排练现场。事后导演助理大卫（David Kness）来查询，我的解释是：“导演要我坐在他掌舵的船上拿桨划可以，可是船上必定要留出空间来，好让我坐下去。”从此佛郎哥也不再随便用“意大利”来巧辩——作一切争议的结论了。

首演结束闭幕后，全体演职员在台上互相致谢道贺，佛郎哥特意当众对我说：“以你的能力不光是有关中国的作品你能做好，相信其它的也会一样。”我反问：“那么意大利的呢？”他看着我摇头直笑。和我在工作上搭配得密切的大卫，深知我在排练期间遭遇到的难题，那晚特意寻开心——送我一盒在纽约“小意大利城”中买的精装的中国签语饼（Fortune cookies）。盒上印的意文我看不懂，而签语饼倒是来美国后，头一次上中国餐馆吃饭便知道的（饭后奉送的小点心，形同元宝，内里夹着写“运气”的纸签）。而在中国时却对签语饼毫无所知，想来也是识时务之人打洋人的算盘而动出的生意脑筋。

首演后设在剧场大厅的盛宴上，我用高脚水晶玻璃杯喝着法国香槟酒，用银制刀叉吃着画龙盘凤的盘中盛放着的北京烤鸭，虽然没有嫩葱段，也没有薄饼、面酱，更没有筷子可夹，脆香的鸭子配着香槟还是照样地吞下了肚。香槟酒易上口，喝多了容易上头，午夜之后有点醉意了，我不由自主地在想：在美国的中国餐馆才见得到的签语饼，马可·波罗引进意大利的中国面变成了 spaghetti，普契尼音乐中的《茉莉花》，还有今晚，刚才台上演的和现在我正吃的，如果这一切要仔细想“通”，就会像图兰朵公主要卡拉夫猜，猜不出则要被砍头的那三个谜语一样扑朔迷离。而“猜谜”这一情节，说不定还是普契尼当年赴美国，上中国餐馆尝了签语饼后才得到的灵感。

“王子”

小时候，看劳伦斯·奥立佛在影片《哈姆雷特》（*Hamlet*）中饰王子，这部由莎士比亚名作改编成的电影，片名中译《王子复仇记》，至今印象仍很深。

没想到在作了两次迥然不同的制作，而且是同一位公主——“图兰朵”后［第二次由瑞典人民歌剧院一九八八年排演。此次我吸收了经验，由整体构思开始与导演克拉斯·费尔本（Claes Fellbom）合作，我在剧中任联合导演、编舞］，一九八八年秋天被当时正在瑞典皇家话剧院执导《主子与玛格丽特》的尤里·留宾莫夫（Yuri Lyubimov）找去，希望我能在次年他赴英国执导的话剧《王子复仇记》中担任“舞台动作编导”。约请是在他看到了我为瑞典人民歌剧院“公主”效劳后，邀我也为“王子”服务。

尤里本人是苏联戏剧界的“天之骄子”，慕名已久，他曾在莫斯科塔甘卡剧院（Taganka Theatre）任艺术总监，以执导前卫派现代剧场著称，一九八四年开始流亡。我被他主动邀约合作，就如同童话中的灰姑娘，在宫廷盛宴中被王子邀舞那样兴奋、胆怯而不知所措。在这种情形下，将自己的心态比作灰姑娘，绝不是自谦，而是自知本身具备的舞台剧经验以及知识层面有限所产生的自明。

灰姑娘除了担心与王子共舞时会因不谙舞步而踩了王子的脚，还忧虑在舞池中碰撞了其他翩翩起舞的宾客——演员（英国舞台剧演员对莎剧了如指掌，谈起来如数家珍，绝不含糊，这是我以前在英国工作时领教过的），更生怕在参加盛宴的大庭广众——观众面前丢人现眼（英国传统莎翁迷与中国传统戏迷比起来不相上下，都能将台词倒背如流，一举一动、一板一眼非得精确无误）。

我将顾忌一一通过俄语翻译向尤里坦诚相告，他听完后脸上透出一股顽童的神情，不加犹疑地说：“你想想看，《王子复仇记》有过多少不同的版本了，正因为我不是英国人，他们才请我执导的。道理很简单，我在导演‘莎剧’时不可能循规蹈矩，也不至于被所谓的‘传统’束缚，才会在风格上突出的与众不同。”他说的显然有道理，而且一针见血。他见我不言语了，于是邀我这阶段随时抽空去看他正在进行的排练，以便熟悉他的工作方法。

虽然我明知有好导演掌舵，划船的人不必担心会掉下水去，但仍然自信心不足。当下次我去看他排练，趁休息时我又旧话重提，并建议他

“王子”——尤里

看了我的履历后再考虑决定。说着我就掏出了一份准备好的履历表递给他，不等翻译，他连串地说：“N'yet（不）！”说时还把那份履历表塞回我包中，然后说：“一切在舞台上面我亲眼见到的对我才有说服力，纸上写的尽是些无用的废话。我无需知道你过去的经验。”显然他想给我增加点自信，所以又补上一句：“你在《图兰朵》中的创意，使我感到难得的兴奋，谢谢。”惯常申请工作的程序是：索取作品录像带、剧照、报评、履历、推荐信等，令我厌烦，但又是不得不做的一大套。而他对我的背景和经验全无了解，仅凭与台上一面之缘而“一见倾心”，并马上决定“同舟共济”，这倒是我从业以来遇见的第一遭，分外感到痛快、过瘾。

当时我在筹划即将开排、定于一九八九年初在香港国际艺术节上演的舞剧《冥城——庄子试妻新释》，同时还在编排我要在纽约古根海姆博物馆（Guggenheim Museum）春天举行的独舞剧场《声声慢变奏——取李清照词意》。但是对秋天开排《王子复仇记》的事，却不敢掉以轻心，不但找来中英对照的译文和原文版本来看，还找来一批有关的书籍资料，阅读参考。

话剧《王子复仇记》剧照

开排之前一星期，才与尤里用长途电话联系上。我急于想知道他对我这部分的工作有何具体的设想和要求？电话中我了解到两点：一、全剧无实景，由头至尾围绕一块织毯进行，织毯可扭转、拧动、移位，作用是将舞台表演区在随时调度、分割的同时，也将观众注意力随时集中在导演需要的焦点上。二、要我考虑三幕二场戏中戏那段哑剧，他要台上的演员在观看那段哑剧时，坐在底幕前正面朝观众，与观众遥遥相对，因此要我将那段哑剧编排成由观众席或由观剧演员角度看会是同样的视觉效果。我马上想到了古埃及和希腊的人物画像和雕刻，其中有许多侧面拧身的造型可以借鉴。至于其它部分，尤里表示连他自己也还不清楚，要我不必过虑，排练时“走着瞧”。

开排前一天，我抱着“船到桥头自然直”的态度飞去了英国。第二天清早，在赫·玛皆（Hay Market）剧院的排练场见到尤里时，他已将与我分工及合作的部分规划得一清二楚：哪些段落我可以全权处理，哪些段落必须在他“干涉”之下进行，又有哪些部分目前他还不清楚，要在排练中边排边看，倘若我发现了任何有可参与的地方就随时随地介入。

看了他一上午的排练，午饭后我就按捺不住跃跃欲试的冲动，想试排我可以全权处理的部分。尤里知道后对我说：“这样最好，在排练中具体地试，自然而然地会找到‘东西’，记住，千万不要想太多了。”这也是我编舞多年来发现的原则，舞台本身就是块画布，而演员是画面组成的最重要部分，不画而空想，哪能出画呢？于是我将需要的演员带离他的工作现场，到另外的排练室中开始工作。

在排练中具体地与演员做不同的尝试，给了我许多新的启发。结果在戏中戏那一场中，我做了这样的处理：利用语言的节奏性与演员自身在动作中发出的音响——顿足、呼吸、敲磨、拍掌……相结合；动作与台词时而并行，时而单一交错进行。这样处理使演员在演戏的同时也承担起了音乐上需要做的工作。排出后效果不错，尤里也就决定放弃先前在苏联已录制好的这部分音乐。

演员直接的印象是，我与尤里已合作了多年。虽然我面前摊着一本中英文对照的剧本，他面前放着的是俄英文对照的，但彼此之间有商量（比手画脚示范多过交谈），也有争议（通过翻译）。他在工作时，像孩子般贪婪，想吸收、抓住一切闪耀在周围、脑中的事物和奇想，然后马上放到舞台上试。有时可以“一天三变”，这一点，对演员或舞台工作人员，都是相当伤神的事，因为很难达到“熟能生巧”的程度，也会有无所适从的困惑。然而对一个追求无止境的“变”的我来说，在工作上却是一种极大的享受，永远带着未知数去追求更好的可能性时，好像总是有一个充满希望的“明天”在等待着自己。

从另一个层面上来看，尤里的处境和心态对我是面镜子，而且是北京舞校所在地陶然亭大街上转角处的那面交通镜，反照出拐弯抹角处的死角。当然这也是由于在特定的情况下，时空所造成的不偏不倚的“角度”，才使我照见的。

一九八九年夏末秋初，排练进入了紧张阶段，适逢东欧各国政治形势变化势如破竹。剧中的主要合作者清一色来自东欧国家：尤里和他的翻译以及舞台设计普罗斯基（David Boronsky）是苏俄人，灯光设计是波兰人，尤里的夫人是匈牙利人。我原是中国来的，想当然把我看做"同志"。这些人聚在一起谈民运，热情澎湃、慷慨激昂的程度可想而知，尤里更是欣喜若狂，每天清早见面都先谈一阵最新民运动向，然后才能收下心来开始排练。这种神不守舍的状况，与我数月前当听到中国民运如火如荼在北京掀起的消息时完全相同。眼前东欧局势的变化虽然令我振奋，但也引起了我更多的唏嘘。一向喜欢到伦敦看舞台剧的我，这次由于完全打不起精神来，破了例，排练前后近六个星期，莱彻斯特（Leicester）离伦敦这样近，我却未涉足一步，周末也只想静躲在临时的住处。

由于尤里本人对民族命运极度的关怀以及对政治的热衷，同时也是出于一种发自内心的本能的对"人"的同情心，他完全可以理解我除了工作之外无精打采的原因。于是有机会时他总是和我聊这方面的事，谈到当年他任"塔甘卡剧院"负责人时，与特务及官僚周旋的趣事，也谈到他在苏联的汉学家朋友，谈得最多的还是他现在的朋友们——那批流亡在外的苏联知识分子的哀思。他谈时，我可以听见那是他的心声。我谈学生时期的"又红又专"的理想，与苏联专家在校习舞的经验，然而谈得最多的还是一九七八年"文革"之后的"归"与目前民运之后梦幻的彻底破灭。谈到最后自然彼此会问："你为何离开自己的窝？"

公演前几天，一次舞台上的联排后，尤里告诉我，他会在首演后回老窝一次，届时也会考虑接受再任莫斯科"塔甘卡剧院"艺术总监。接下去，他就问我是否有回中国工作的计划？一个硬块突然撞塞在我的喉口，我想当时我的表情必定很难看，否则他不会一下子搂抱着我。我伏在他的肩头上，他将手轻轻地塞入了我裤子后面的那个小口袋中，我能感到手的温暖，然后听见一个声音在说："这就是窝，窝原是世界上最美、最温暖的地方，不是吗？"我闭上了眼睛，一片红浪在眼内波动。

"同窗·同志"

一九九〇年秋天，美国舞蹈节（American Dance Festival）与我联系，希望我能在一九九一年春季，去广东舞蹈学校现代舞实验班工作一段时间。

一九八九年之后，我已下了决心：只要形势不变，就不回去工作。我将此原则向舞蹈节说明，但对方表示，这不仅是他们的愿望，也是广东舞校校长杨美琦多次提出来的要求。结果，我表示要等我直接与杨美琦通话后再做决定。美琦与我在一九五六年同火车，由上海到北京舞校就读，六年同窗之情加上这近十年以来一系列的接触，使我们之间能做到言无不尽。几小时后，美琦的声音在万里之外的那一头响起："你还不快来！"这头一句话像巨铲，将其它的考虑暂时都铲去，同时也将远在天边的中国又拉到了我眼前。之后的几个月，和她通了不少信。我写："听到你电话中的声音，仍然是老样子，真高兴！我愿意回来与艰难中产生出来的队伍走一段路，相信路能慢慢地走出来。但是……"另封信又写："考虑很久，最近也和一些朋友们谈了，也许此时我更加应当来，因为现代舞在中国代表的是另外一种意义。而且替艺术服务和直接替现政府工作究竟是两回事……"美琦看我的决心开始动摇了，电传来热情洋溢的短信："江青，只要有你的经验、智慧、热忱和耐心，一切会很好的。最热烈地欢迎你到来！”

两人取得了默契，确定了我此行的工作内容：在辅导学生做毕业创作的同时，也将这些年来学生的成品在艺术上作一统筹，然后以艺术指导立场筹备出一台晚会来。这台晚会既作为一九九一年夏天学生毕业演出，也作为同年参加美国舞蹈节的演出剧目。

一九九一年二月尾，我站在广州火车站广九直通火车的出口处，正在四下张望，一声嘹亮的“亲爱的！”夹拌着笑音，一大束鲜花就落在我怀里了。“美琦，咱俩又可以每天喝酒吵架了。”“喝酒的差事，你来了我准跑不了，但谁和你吵？”我俩边说边笑，搂作一团。在北京舞校曾任我们一年级班主任的许传华老师，看在眼里感叹地说：“三十五年都过去了，还是小时候那个样。你们之间，有这份情谊才吵得起来唷！这个现代舞班不就是‘吵架’吵出来的。江青，你是知道的，在中国要办成一件新生的事有多艰难啊！”

我怎么会不知道呢？讲起这个班的开办，还要追溯到一九八五年夏天，母校主办第一届“中国舞桃李杯赛”。任主席的老同学潘志涛写了封意气风发的信给我，邀我作为主席团成员，此外还希望我在国外做些可能的“努力”。当时汉宁尚不足岁，我无法赴会，只是答应他尽量“努力”。

经“努力”找到了部分经济上的赞助，但我感到急需努力做的倒是在另一方面。这些年观察下来，感到在中国，舞蹈演员技术水平显著地提高，而在创作上，呈现出来的情况却恰相反，题材的贫乏和观念的陈旧，使创作滞步不前。然而这种现象不是“比赛”能帮助解决的，但可以利用比赛的机会，做些刻不容缓的工作。于是，我分别与美国亚洲基金会的负责人理查·雷尼尔（Richard Lanier）以及美国舞蹈节主席查尔斯·雷哈特（Charles Reinhart）这两位相识已多年的朋友，谈了我的焦心积虑，并希望他们能设法提供“桃李杯”赛中选出的优秀编导赴美国观摩学习的机会。结果两个单位在协商后，应允一九八六年夏季，提供两个名额的旅费和奖学金，被邀请者可以到纽约观摩三周，到舞蹈节学习六周。

“桃李杯”比赛开始前一周，禁不住潘志涛连续三道金牌——信、长途电话、电报的催促，查一下自己的银行账本上还“争气”，于是匆匆买了机票，把还没有断奶的汉宁交给了他的无可奈何的父亲，登上了飞往北京的班机。理查和查尔斯也乐意我可以在现场负责选拔两名奖学金人选。

由于“桃李杯”是首次举办，全国各地前来参加比赛和观摩的团体和个人都很踊跃。在比赛现场，台上演出的每个节目似乎都被炫耀的“技巧”充塞得鼓胀着，而台下观众席也有爆棚之患。

近年来，我在中国各地走动，正式、非正式地看了不少舞蹈作品，但我觉察到一些颇有新意的作品并没有参赛。私下一打听，才知道原因是这些作品被认为不在“中国舞”的范畴，因此不被比赛接纳。

比赛后，大会安排了一次我的公开讲座。讲座结束前，主持人要求我谈一谈对“桃李杯”的感想，我开门见山地说：“据我了解，这次有些作品由于被定为‘非中国舞’，而不能在‘桃李杯’中国舞范畴参赛。那么究竟什么是中国舞呢？通过创作，我所认识到的是我不需要特意去寻找所谓的‘中国意识’，因为我最重要的一段生活、学习成长期是在中国度过的，我相信我的舞蹈很自然的在它成熟的过程中必定是中国化的。”我的这段话像点火，“噗”的一下将极有才气的北京舞院大专班女生王玫燃着了，她腾地站起来，几乎是咆哮着说：“江老师，我真不懂，

江青在广东舞校示范教学。

1990 年，杨美琦（左）与江青在广东实验现代舞团。

想来想去都想不明白，”说到这里，她的眼圈开始发红，“您是知道的，在西安我学的是中国舞，来北京舞蹈学院教育系大专班也是中国民族民间舞专业，我在中国土生土长，没出过国门一步，外语也一句不懂，怎么会我的作品不算中国舞？这个年头儿了，难道非得女的‘兰花手’，非得在台上跑‘圆场’，才算中国舞？……”此时她开始哽咽起来，满屋子一阵哄乱，大伙儿纷纷议论。

王玫的发言是一大群中国编舞者由心底发出的呐喊，也是这群期望在创作的道路上摸索出新方向，却被抑制而感到找不着出路所发出的焦急又无奈的呻吟。“怎么办？现代舞在中国究竟怎么起步？”想到这个问题使我坐立不安，我不能坐着光等待，能做多少算多少吧。第二天，我声称有要事相商，经安排见到了文化部艺术教育局的负责人。除了为不被接纳参赛的编导鸣不平外，同时提出现代舞教育在中国是势在必行的工作。理由是传统舞蹈艺术的发展也需要新的意念作接应和补充，现代舞在教学方法中有许多值得借鉴、探索的价值，它在训练学生身体机能的同时也训练了学生独立的思考能力和创作才能。这比中国封闭性、单一性的传统舞蹈教育所教出来的学生，只会模拟而不懂“举一反三”，只知继承而不知发扬，要优越得多。最后我恳切希望“艺教局”协助，要求获奖学金赴美人员所属单位，能提供国际旅费，那样我可争取使美方原赞助单位将奖学金名额由两名增为四名，而增加的两名人选，则侧重于舞蹈教育方面。“艺教局”赞同这个建议。

理查和查尔斯在了解了经过后也欣然接受了我的提议，在我提供了人选名单后向中国正式发出了邀请信。由“桃李杯”参赛中获邀请的编导是门文元（代表作《金山战鼓》）和赵明（代表作《囚歌》），由舞蹈教育角度考虑而获邀请的是华超（结果因种种因素未能成行）和杨美琦

(广东舞蹈学校校长)。

提出邀请杨美琦的动机和原因是："文革"结束之后，我陆续多次回国，公私两方面都有机会与她接触。她开阔的思路以及在专业上执著的追求精神，都让我感到她会有远见和胸襟，来接受这一个中国仍持以怀疑的态度，而把它看成是反映西方堕落的病象的现代舞蹈。相信只要她认清现代舞事业在中国开拓的必要性，使命感会使她大无畏地勇往直前。再从地理环境和条件来看，中国正在搞改革开放，广东列为"特区"，省府广州为中国南方门户城市，而她身为校长的广东舞校就在广州。现代舞需要依赖于这种生态、土壤才可能催生，然后逐渐地、有条件地取得它合法的立足点，生存延续下去。

美琦的勇往直前，使我别无选择地在一九八六年夏天她访纽约期间和她同住了三周。她为了不错过学习的机会，结果自己筹集了相当于她本人几年工资的国际旅费，预备准时到纽约来报到。我虽欣赏她的魄力，但也替她担心。她却毫不在乎地在长途电话中说："反正钱慢慢还，总有一天会还清的，为了旅费而耽误了学习，岂不太可惜了？"我被她的诚意感染，马上接口说："你就干脆住在我这里吧，省下三周食宿费正好补上机票钱。这样住在一起才有机会吵架呢！"

纽约同住的三周中，我们仿佛回到了北京同宿舍的学生时代，高兴时就笑，对问题有争议就毫无顾忌地"吵"，只是促膝谈心时不会再谈男生，而是先谈孩子再谈先生。刚开始我把她的日程安排得密密实实，她会慎重向我声明："同志，请不要把我当填鸭！"然而没出几天，她就自己主动地在拼命往里填了，从早到晚都在贪婪地东瞧西望，而且永远不停地在提问题。本来纽约就是一个五光十色的大千世界，尤其是现代艺术，形式和类型的变化层出不穷，因此去看现代美术展或看实验性剧

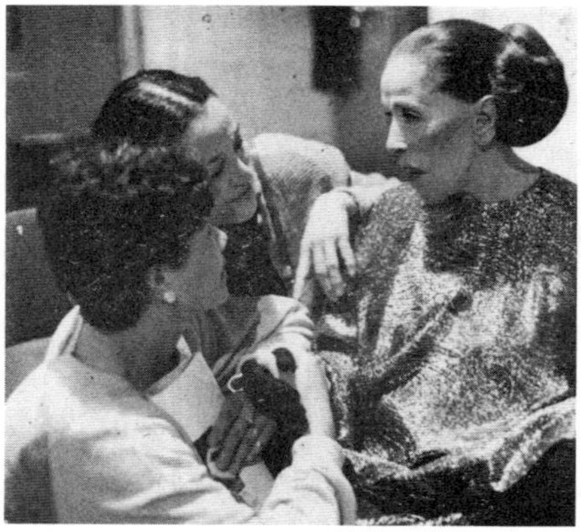

1986 年夏天在纽约，江青（中）陪同杨美琦（左）到后台见玛莎 · 葛兰姆。

场演出时，根本无法预期出现在眼前的将是什么。刚开始，美琦的问话是在这个范畴：现代舞很多怪诞的题材与丑陋的动作，一般观众能接受吗？你怎么能觉得它美呢？到后来，逐渐地变成：我发觉现代舞是一种非常具有创意的舞蹈，它既能表现各样的内容又能与现实社会中的人相关联，确实有着传统舞种所不能企及的生命力。中国为什么只能死守古典芭蕾舞与民族舞？

临别那晚，我安顿好孩子入睡后，似乎自己很难入眠，我们躺在各自的床上谈了很久，谈到我目前的生活和事业时，我说："其实现代舞和人的生活是一样的，朴素、平淡才见真，现在你明白了吧，为什么在舞蹈上我会选择走现代舞这条路？"她似答非答地应了一句："嗯，可是在中国，这第一步怎么走呢？"

几个月后我见到了理查，见面后第一件事他告诉我的是："你老同学的精神真可佩，她居然能掌握我同事罗夫的行踪，先追到北京，后跟到上海，最后把人'押'到广州和省文化厅的人开会，商谈创建现代舞实验班的事。我服了……"我一面听心里一面在笑，因为是我充当的"耳报神"：知道亚洲基金会要派罗夫前往中国视察；而从美琦那里我已

1986 年，杨美琦、艾未未在江青（抱汉宁者）纽约家中。

1986 年，江青在纽约与赴美参加舞蹈节的同行及友人合影。前排左起：赵明、Holly Fairbank（费正清的女儿）、杨美琦。后排左起：艾未未、门文元、陈学同、大卫、江青。

知道在广东开设现代舞实验班的构想，已得到政府有关部门的支持，却苦于师资问题，因此赶紧给她通风报信，要她把握住罗夫在中国的时机。没料到她竟然会亲自千里追踪。我没好意思向理查坦白我的“特情”工作，反而进一步“追查”下文，“追查”的结果是：基金会被美琦的“诚”、“勇”双全所动，已决定将此计划提前纳入预算，并且已得到美国舞蹈节的赞同，将全力合作。理查告诉我时，手续上尚待正式澄清，但我已迫不及待地又做了一次“耳报神”，信中写：“想不到我们这遥遥呼应，起到了成效，一笑。”

“我们这种合作倒不错，你在广州，嫌我家地脏帮我扫；而我在纽约时，嫌你的孩子吵，帮你抱。”我正扫着地，美琦的话从厨房里传来。“大概只有像你、我这样在外搞事业又要理家的女人，才能体会到这种合作的难能可贵。”我一面应她，思路却跳到另外的地方去了。

记得她帮我抱着孩子在屋里团团走时，见我困得眼睛都要闭上了，手中还在切菜，口中还在给汉宁唱歌，会问我：“你怎么顾得上这么多？母亲、妻子，给其它团编舞，自己独舞演出，外加替中国‘打杂’，还什么都想做好，我们都中年人了，你不觉累吗？”而最末这一句：你不觉累吗？正是我想问她的。因为在这儿工作几周下来，我尽了自己最大的努力，只觉得做得很少，但另一方面却又好像做了许多。太多人为的干扰和对中国政治上的了解，使自己在工作上不得不考虑和顾忌许多问题。试想在有限的空间内，却要让学生在创作上“讲真话”，明知无法“畅所欲言”，却仍要给予想“讲话”者信心和动力，这是件多么伤神而又苦不堪言的事。一个多月以来，我虽无其它工作负担，也脱离了家务，但身心都感到疲累极了。然而，美琦除了校长的职务之外，自从一九八七年九月现代舞实验班开办以来，她“当家”快四年了，精神上的负担和各方压力之大都可想而知。我很清楚：一方面，这个团的存在，代表着中国继续改革开放的幻象；但在另一方面，中国对一切新事物都比较敏感，而且引起四面八方的注目，只要一点动静，从反资产阶级自由化到学员私生活太“自由”都会被套上“现代”这两个字。为了现代舞能在有限的客观条件下生存，她如坦克车一般，又要有厚厚的保护层，又要能上、下、左、右地出击；艰难地冲向新的山巅的同时又要防止四下埋伏的地雷……想到这里，我停住了扫地，说：“在纽约时你不是老在问我，你不觉累吗？现在我倒要反问你了。”“为了现代舞能在中国扎下根，就是今天我累得倒了下去，也是值得的。”她边说边从厨房里拿出畚箕，抓过去我手中的扫把，利落地将垃圾扫在畚箕里。

深夜，回到宿舍的路上，看到两个梳着长辫的小女孩搂着肩头在校园中散步，眼前浮现起美琦刚才和我聊起的，我们当学生时结伴去积水潭医院治脚疾、上虎坊桥吃奶油冰棍的情景。望着她们，嘻嘻哈哈的在校园中消失，突然心中一个念头闪过。我急步走回宿舍，拿出了天蓝色的笔记本，列下了自己由一九七三年舞团成立开始所有创作的剧目。

为了自然赋予女人的一种本能的创造能力，也是自己在人生不同的阶段中所产生的不同的需要和追求，一九八四年当一个新的生命在我体内孕育时，我意识到在人生之旅上将又是新的一程，而面临着事业上必需的选择。

决定在瑞典抚育孩子后，在事业上我无法一边任香港舞蹈团和纽约江青舞蹈团的艺术总监，一边又不放弃创作。虽然舞团是在充满理想、废寝忘食的情况下建立起来，含辛茹苦看它成长，但繁琐的团务和沉重的行政负担，却耗费了我大半的时间与精力；而这些年来创作已逐渐成为我生活中不可分割的部分，它已成了我精神上的一种基本需求和依赖。为了不中断创作生涯，于是在汉宁出世前，我离开了香港；汉宁出世后不久，也结束了江青舞蹈团。

结束自己的舞团，虽然难舍难分，理智地划了个句号，但在感情上不是一下子轻易可将“恋人”抛弃的。此后，一方面我感到以往的作品已成过去，但另一方面，我却在舞团旧址中保留了所有的道具、服装、器材、音乐、录像……

这些星期以来，在辅导实验班学生的毕业创作过程中，虽然创作环境使我感到异常的“累”，但同时在这年轻的一群身上，却让我看到了希望，也给了我一种新的满足，就好像看到自己原来追求的理想得以延续。我蓦地察觉原来自己舞团的结束，现在却是一个新的开始。

第二天早上，我将列出的剧目单递给美琦，说：“同‘志’，这是我所有的财产，有空时你看一看，现代舞团成立之后，根据需要拿吧。”

美琦搭着我的肩。两个中年女人，默默地在校园中走着。

归与“恒”

1982年在中国旅行时，江青拍下了这张照片，一直存留着。

一九六二年初离开了“家”，再归去已是十六年后了。其间是有“家”归不得，一九七六年“文革”结束之后，当知悉家门又重新开启时，归心似箭，但受与毛夫人江青同姓名之累，直到一九七八年才如愿以偿。比雷尔是应上海生化研究所之邀讲学，也兼顾到女婿探亲家；而我去上海纯粹是回家，回娘家。

临行前数周，接到母亲寄来的一封少有的长信，信中告诉了我上海家中的基本状况和个别亲友的遭遇。母亲之所以将这一切先告诉我，主要是她不放心我在精神上毫无准备的情形下回家。在过去的两年中，她一直没有把她在一九七六年由澳洲回上海探亲时耳闻目睹到的家中现状向我和盘托出，怕引起不必要的悲痛。

在那封信之前，我所了解的上海家中情况，基本上都是“文革”之前的。一九六六年，“文革”刚开始，母亲就收到了家信，信中斩钉截铁地要求我们不要再与家中联系，包括书信往来、经济上的援助和回乡省亲。这后来的十年，由于与家庭音讯断绝，对家中的一切都一无所知，只是根据报章的报道，凭以往的经验，揣测到日子极难熬而已。

母亲信中相告最使我震惊、悲痛的是家属三人死亡的消息。

姨婆的死还得追述到多年前，一九五四年外公被捕之后，适逢城市户口大量迫迁到农村，当然反革命家属享受“第一优先权”，当年年底，姨婆携带年龄稚幼的两个儿女，回到已一无所有的老家——江苏丹徒。人民公社成立后，姨婆在公社食堂做炊事员，全家因欠缺劳动力，生活极其困苦。一天晚上，姨婆在饥饿难当的情形下，到食堂厨房里偷喝了一碗稀饭，结果被干部发现，要批斗她。惊吓之余，她自觉苦已受够，对人生极端失望，再也挨不下去强加于她的更多的罪名，和将会受到的人格上的羞辱，清晨用长袜在家中的门闩上吊颈自杀。

1978年归去的第一天，我和比雷尔及外公（右）、外婆（中）、姨奶奶（左）在上海家中。

我的记忆中，姨婆不是一个心胸狭窄的人，而且极自爱又能吃苦。我总记得她在灶前做饭时，我爱帮忙拉大风箱，我拉得呼呼的、她忙得呵呵的情景。何至于一碗稀饭可以换取她的生命？难道人的天性会变？

导致叔公自杀的原因是看了一份反革命分子没有资格翻阅的“内部参考消息”，而被人发现。事发时他已被点名批斗，现在更火上加油被抓住了把柄。原本就胆小怕事的叔公，生怕连累家人，在销毁了一切有关身份的证件后，乘火车到江苏省江阴县跳长江自杀。更使我感到惊诧的却是，当他的两个亲生儿子，查询到父亲的死因和下落后，既不敢认领遗体，更不敢出面料理丧事，为的是怕受牵累——与“牛鬼蛇神”的父亲划不清政治界线。

何至于一张并不全说实话的报纸，可以夺取一个平时极实际的人的性命？最使我不解的是小时候对长辈唯命是从的两位堂叔，怎会如此的对亲生父亲大逆不道起来？难道世界变了，所以人的天性也会变？

惨死的表弟是我二姨的三子，死的那年才十九岁。当时二姨被折磨得奄奄一息，连医院都不收容，躺在家中时，得悉儿子在“学习班”去世的消息。见到血肉模糊、遍体鳞伤的遗体，双亲痛不欲生，明知被毒打致死，但不能追究凶手，还非要同意儿子是畏罪自杀方可签字领取骨灰。

表弟穿着开裆裤，老是拖着两道鼻涕，每逢我们姊弟去二姨家玩，他总是跟着大孩子屁股后面跑，跟着去喂猪，或者跟到池塘边站着，看我们坐在木盆里，采集莲蓬、摸野菱……他那活蹦乱跳的野相，还鲜活地印在我脑中，现在却已死去多年了。他犯下什么滔天大罪？小小年纪要被人活活打死。打人的人又是谁？谁能对年轻人下此毒手？难道风水变了，所以世界变了，人的天性也自然地会变？

这些年来，虽然从各种媒介与渠道，了解到一场“文革”浩劫，把人性底层中最龌龊、低劣、残忍、愚昧、冷酷……的东西全都驱赶出来，造成人与人之间比禽兽还不如的自相倾轧残杀，但那样一字一泪具体地结合在我童年时曾一起生活的亲人身上，使我一时之间难以相信和接受。消息来得太突然了，母亲的这封家信犹如一团乱麻塞入我脑中，收到信后接连好几天我夜不成寐，悲恸之外，想来想去想不明白，人间伤天害理何至于此？同时，我渴念归去亲闻目睹的心情也更加急切了。乡情、亲情淹没了我，使我无法再多考虑，就这样踏上了归途。

踏进外婆家门一眼望去，四壁千疮百孔，残破陈旧得就像污染严重的都市下了第一场大雪后的景象。那幢西班牙式两层楼的房子，格式还是原来的，只是现在住着五户人家。厨房中原来的大灶台不见了，放置着一排各家用的煤油炉子。除了外公自己在二楼有一间只够放下一张床的卧室（在浴室隔壁，不透阳光，原来是储存箱子用的），其他三代人就都挤在二楼的一间大房中，床和床之间，也就是家庭和家庭之间，用一块布隔着，一张床上挤一家人。就在那我童年时爱去玩耍、种满了花树的院中，搭建满了用铁皮、木板随便钉盖的小间房屋，黑压压的一大片，住了好几户人家。院子的另一头，我从一个月大直住到十岁才离开的自家砖房，像随时要瘫痪的老弱伤残，挣扎着屹立在那里，记忆之中屋顶的红瓦现已完全成了黑灰色。

除二姨之外，回家当天几乎所有的近亲一下子全见到了。三十多男女老幼密密麻麻地挤在一屋中，层层圈圈地把我和比雷尔围住，除了泪眼相望，似乎没有太多的语言可以表达那种劫后余生再相聚的悲喜交集的情绪。家中三老中眼泪淌得最多的是外公，一面擦着眼泪，一面直说：“大家高高兴兴的就什么都不必多讲了。”讲时眼角瞄着隔壁，我马上会过了意——隔墙有耳。外婆已半瘫痪靠坐在床上，胸前围着一块布，接着淌下来的口水，她眼睛直勾勾盯着我看，脸上笑眯眯的，从我坐在她床边起，就一直摸着我的手。在旁的众人议论：“今天她倒一点不糊涂，认得出是小青。”我这才知道外婆精神失常，时好时坏很多年了。在她情况略好一些时，仍不忘自己是一家之主，指派家中老小忙得团团转。大多数的时间像小孩般容易喜怒无常，病发时会歇斯底里般吵闹，有时也会在半昏迷状态下喃喃自语。慈祥的姨奶奶在我幼年时照顾我姊弟最多，此时头发的颜色已变得和她身上穿的褂子一样素白的了，但还是那样丝毫不乱地在后面挽上个髻，只是那个髻小了很多。当她坐在一角拿着手绢无声拭泪时，我仿佛又见到了那年我决定离家去北京念书时，她的那方擦眼泪的白手绢。我对她说：“我这不是回来了，还哭什么？我想吃你做的煎暴腌带鱼。”说得她笑了，但眼中的泪水更多了。

那晚，饭桌就搭放在那间全家的睡房中央，桌上除了煎暴腌带鱼之外，还有很多我童年时爱吃的炒鳝丝、冬笋荠菜、黄鱼羹……开饭前，外公特意要小舅去拿出那套象牙筷来用，以表庆贺团聚。那套象牙筷我还认得，只是更加黄了，摆上桌后，和餐桌上破碎斑剥的搪瓷做的、七零八碎拼凑起来的盘碗放在一起，显得极不相称。我拿起歪扭的铁皮汤匙舀汤放在嘴边嫌烫，想换只瓷的。这时看到大舅投过来想阻止我的眼色，同时又看到外公脸上掠过一道阴影，心中沉了一下。

心想怎么现在连一只瓷的汤匙都拿不出来？眼前出现了这幢房子的亭子间里从地到天花板的大壁柜。记得因为觉得柜里的东西漂亮别致，小时候当大人打开锁进亭子间拿储藏物时，我总喜欢溜进去打开壁柜看看，柜中一层层叠满了不同样的陶瓷器——花瓶、果盘和各式容器，有的还是外公自己设计、在景德镇定制的。

晚饭之后我被众亲友拉出去散步，这样就可以避掉大屋里左邻右舍的耳朵。在没有路灯的昏暗弄堂中，靠着家家窗户上透出的一点微弱亮光，我们来回走了不知多少趟。谈话时他们尽量压低嗓门，有时还对我“咬耳朵”，同时还经常地环顾四周，使我也不由自主地跟着紧张起来，觉得透着光的那一扇扇窗户，似乎是一只只眼睛在窥视。

弄堂中的长谈，使我明白了外婆精神失常的真相。“文革”一开始，家中楼下就成了本区红卫兵革命总指挥所。吆喝声、口号声、锣鼓声、脚步声……日夜不绝于耳。我们家又是红卫兵清算的重点，因此他们进屋来如入无人之地，搜、抢、烧、打、砸，无所不为，而且任何时间都可能发生。外婆自己挨骂、挨耳光、挨皮带抽打是皮肉之苦，痛在身上，而每天目击自己的丈夫、儿女受尽各种各样的人身和人格侮辱和折磨，是钻心顶肺，疼在心里。这些年以来，外婆因家中发生的种种不幸，已经被折磨得神经很脆弱，那时，再也经受不起长年累月地生活在杀气腾腾、胆战心惊的状态下，因此“文革”以来每况愈下，以至到现在的状态。在昏暗中我看不清讲述者的表情，但我全身禁不住哆嗦起来，起了层鸡皮疙瘩。

接着，在微弱颤抖的语调中，我也清楚了刚才在晚饭时，当我索取瓷汤匙的那一刹那外公脸上掠过的那道阴影。

一九六六年“文革”开始，雷殛般的袭击又再次首先落到他的头上。十年劳改（一九五四～一九六四），已使他以逆来顺受、唾面自干的态度，来应付临头的一切事情。“文革”开始后，家常便饭似的对他肉体的伤害和自尊心的污辱更使他变得麻木起来。一天，他顶着被剃成半边的头发（那光秃的半边还被红卫兵抹上了鲜艳的颜色），扫完弄室中的公厕和街道后，钻入红卫兵在家中天井的围墙下挖的狗洞，刚爬回家，就被守候在家中的红卫兵在他胸口戴上“牛鬼蛇神”的大牌，让他从狗洞再爬出去，随后被推到了街上。在市中心的马路边，外公坐在小板凳上，亲手砸毁了自己所有珍藏的陶瓷器，连厨房中的盘、碗、匙，红卫兵也不放过，在被围观者挤得水泄不通、痰往脸上飞、红卫兵拍手称快的吼叫声中，外公抓着小榔头，一只罐子、一个碗，一只盘子、一个匙……逐只逐个地将它们敲碎了。在红卫兵的监视下，敲成碎片还不够，必须砸得粉碎才算彻底，并规定边敲边要不断地念“经”：“破旧立新”，“感谢毛主席，毛主席万岁！万万岁！”我可以想象得出当时外公敲下的每一击，都击在自己的心上，不但碎成了片片，而且碎成了粉末……

我想象不出来，碎散在街边满地的瓶、盘、碗、罐的狼藉不堪景象，眼前只见当年母亲想“毁尸灭迹”，翻倒在厨房间、天井中的书籍、字画。灶眼中焚书的烈焰此刻在我胸腔中熊熊燃起，烫得我想迸发出狂叫，却像有人卡紧了我的咽喉，抑制住我。环顾四周，发现弄堂里黑得阴森，原来，窗口的灯光大都已经熄灭。夜深人静，惨淡的月光下看出去，长长的弄堂里显得一片萧索寂寥。

1978年，比雷尔和江青的外公、表弟吴潍在弄堂里。

第二天，比雷尔开始讲学。我开始每天昼夜不分地和亲友见面，谈别后的一切，谈困倦了就打个瞌睡，醒后继续谈。谈话总是不在家中，不是在旅馆房中就是在公园里，为的是需要“提高警惕”。耳闻各家个人在“文革”之中所遭遇到的不幸，以及目睹给这一代的人遗留下来的深重的创伤，使我在上海的那段时间里，眼睛睁开时眼内没有干过。悲愤、神伤之余，不免勾起了对上海童年旧事的串串回忆：那些逝去的无忧无虑的欢愉时光——春假结伴到龙华赏花远足；夏夜在院中星空下乘凉；秋日站在窗前，眼望着树上的红石榴，鼻闻着飘入的桂花香；严冬腊月春节，屋里炭炉上烤板栗发出的“剥……剥……”声与门外放鞭炮交织在一起的“啪……啪……”声。故情旧景与现时眼见耳闻，无时无刻不在交融、对照，更令我百感交集。

如果要仔细地记录下那些天里所听到的残忍到匪夷所思、愚昧到近乎荒谬、曾经在我的亲人身上发生的所有“故事”，恐怕需要的是另一本书。但在这里我仍然要记录下，那次我所经历到的使我毕生难忘的一晚。

从我飞抵上海之后就一直未见到二姨，从母亲的长信中和其他亲人的口中知道她在“文革”时家破人亡，目前也仍是以她的境遇最糟，这就使我更迫切地想见到她。

记得搭乘火车去她在上海近郊真如的家很方便，到站下车走几步路就到了，所以想自己径自跑去，好让她有个意外的惊喜。但家人严词警告我：“你这样做就害了她，‘文革’一开始她就被打成‘反革命’，直到现在尚未平反，出入受监视，连回娘家都需要事先报请批准，现在你这位‘叛逃’的外甥女突然造访她，等于是火上加油……”最终家人体谅我的心情，左商右量之后，派出了两人组的“先头部队”到真如“探风”。结果，是托了中国政府请来讲学的国际友人——比雷尔的福，二姨被区里特别“恩准”，可以在指定的时间内在家接待国外回来的外甥女和外甥女婿。

真如虽属上海近郊的市镇，但无名胜古迹，因此鲜有外国人涉足，据说比雷尔算是第一位到市民家中做客的外宾。我们怕显眼，特意穿着蓝灰色衣裤去当客人，当客人之外，我也是家中指派的“特使”，有协助“解救”二姨的重任在身。

暮色苍茫中到了二姨家，屋子大门口站满了围观“外国人”的市民，我不忘我的任务，在大门口向陌生人连声致谢。谢什么？我不知道，我只知道礼多人不怪，想讨个好，改日大家手下留情，不要拿二姨不当人待——随时随地任何人都可以揪发、掌掴、作践她。进屋后，区里的负责人笑容可掬地上来和我们握手。我除了表示感谢他们批准我们可以来探访二姨之外，还特别强调了希望二姨能早日获得“平反”，恢复教员工作的心愿。

人走后才仔细看了看二姨，她比母亲小三岁，看上去却像大了一轮，长年被监督劳动在外拉人力大板车的结果，背有些佝偻，日晒雨淋得皮肤黝黑透黄。她抚摸着我的脸颊，我的心被她粗得像板刷的手皮扎得发麻。她眉开眼笑地上下打量着我，笑得合不拢的嘴里只剩下几颗牙了，我早就听说是遭毒打所致，但亲眼看见仍不免伤心，半晌说不出话来。倒是二姨先说："你看我这副模样，在马路上碰到怕不认得了吧。"看她的腰身，仍然是我记忆中的中间突出，我说："你还是那样。"不料二姨风马牛不相及地说："感谢共产党！感谢毛主席！"语调像小学生背书，又像在念经，我忍不住要笑出来。比雷尔要我将二姨的话译给他听，听后他报我以一个苦涩的笑。饭前我们闲聊了些无关痛痒的家常，因为几十对黑溜溜的眼睛在板缝间和玻璃窗外向里张望。

无论聊什么话题，二姨一句话来个总结："感谢共产党！感谢毛主席！"而且她的语调一次比一次响，一次比一次坚决，到后来似乎成了呼口号。想起她一家子在"解放"之后，所遭受的述说不尽的不幸和苦难，使我觉得滑稽得要掉泪。我不得不阻止二姨，要她不必在家人面前讲这类话（我警惕地没冠以"言不由衷"字眼）。但她仍然那样不能自制地在句尾很自然地补充上"感谢……！感谢……！"讲感谢两字时还略微地点下头，似乎在敬礼。

"哎——今天总算可以坐下来吃一顿了。"二姨高兴得像个小姑娘嚷嚷着。我记忆之中，她会烧一手好菜，色香味俱全之外，动作利落得好像"得来全不费工夫"，这次仍然不例外，就在我们谈了个把钟头后，一整桌丰盛的菜肴就在桌上摆好了。坐下吃饭前，我走到门外找到纠察队的人向他解释：外国人不习惯在众目睽睽之下吃饭，请他帮帮忙。这一招果然灵验，在他吆喝指挥声中，群众一哄而散。

在大圆饭桌上，大家把头向前凑拢些，压低了嗓门，总算可以说些知己话了。我这才明白刚才聊天时坐的靠椅，现在坐着的条凳和饭桌，全是因为家中有外宾，左右邻居在派出所的指挥下借出来的。"文革”时，她家被抄至一无所有，从我们要去晚餐的三天之前，派出所就动员了街坊，替二姨“装修门面”——石灰水刷墙把“脸”刷白了，一白遮三丑；用纸糊上被砸碎的玻璃窗好挡风；借给她够一桌子人用的盘碗，分给她烧饭的煤球，给她购买鱼、肉和豆制品的配额券好塞住外宾的嘴。二姨脸上渗出了罕见的兴奋，自嘲地说：“打出娘胎，今晚头一趟托了娘家的福，我没‘平反’，但今晚也算翻了个身，派出所的人不但给我看了个好脸色，连泥地也替我洒水扫了一遍。”

二姨提到泥地，我这才觉察出脚下踩的是高低不平的土灰地，抬头看不见天花板，往后弯腰仰头才能看到灰黑的屋顶压在那里，而且有的地方还透亮，显然是漏了。整幢楼既无上下之分，也无隔间，就像置身于一座残破不堪空荡荡的库房中。我纳闷起来。记得二姨家原来是一幢三层楼房，质料和规模当时在镇上可是数一数二的。一、二楼作饭店用，三楼是住家，全是铺的木质地板。我不解地问：“难道红卫兵抄家时，连楼板都抄去了？”“我吃掉了。”二姨淡淡地答。下面是归纳起来的“吃楼记”。

一九五五年，二姨夫被冠以“历史反革命”罪名入狱三年。当年二姨三十来岁，在丈夫入狱期中，犯了中国社会最禁忌的“不守妇道”，结果以生活腐化的罪名判入狱五年，戴上了“坏分子”的帽子在苏北“劳改”。刑满回家时二姨夫已获释。二姨自感无脸见父母，也无颜再面对丈夫、子女，于是出狱后没通知任何人，独自拎着小布包徘徊街头，当娘家人发现她时，她几乎已决定走上绝路。心地善良的二姨夫知悉后，不但没责备二姨，而且立刻从娘家把她接回家去。夫妻先后入狱饱经沧桑，现在能全家团圆已属大幸，所以一家子生活虽艰苦，但还是蛮知足。不料，未多久，“文革”浩劫一开始，二姨家中就又成了“革命”主要目标。由于夫妻都属于有奇耻大辱的社会败类，对他们的“斗争”也是变本加厉双管齐下。一九七二年，二姨夫因为在劳改时营养不良加上劳碌过度曾患重病，身心都承担不起新的打击，旧疾复发后不治而终。临终前二姨夫对二姨说：“承娟，我死后怕没人来照应你了，你一辈子是吃惯用惯了的大小姐，将来要是儿女不能靠的话，我看你也就只能靠拆卖了楼板换饭吃了……”不幸被二姨夫言中了。

“文革”如火如荼地进行时，家中的几个大孩子怕抹不掉父母的“历史”烫在他们身上的烙印（在过去的年代中，他们因为父母的牵累，饱尝人世间的歧视、凌辱、饥饿、潦倒、嘲弄），眼下又见要背上家庭的“黑锅”，在更坏的境遇下求生，因此隐姓埋名被迫充作无父母的孤儿，离乡背井到边疆地区谋生。只有年纪尚幼而无法自立的子女，留在身边。结果三子被送到专门接受管教的所谓“学习班”做体力劳动，而在“学习班”中活活被打死，其余的子女也都无学可上。二姨既无薪金也无医药劳保，白天被监督劳动，拉人力大板车是纯义务性的，全家唯一的收入是靠她晚间替人缝补衣服。“文革”后娘家也是在风声鹤唳之中，无力接济，也不敢轻易互通消息。为了维生，二姨由地上的木板拆卖开始，然后拆隔间，再接着二楼、三楼往上拆，几年下来房子里拆卖一空，成了目前这样一个空壳子。变卖所得全都是用在糊口上，当然也就是“吃”掉了。听后我一阵头晕心悸，但二姨既无啜泣也不抽噎，只是木然无表情地愣坐在那里，似乎是她讲完了一个别人的故事。

有人叩门，二姨出去了一下，不用二姨说我也意识到了，是让我们回去的时候了。二姨嘱咐我：在临走前要和来人讲些客气话，但我嘴里再也吐不出谢谢两字。正在尴尬之际她把比雷尔拉到门口，比雷尔问：“需要我做什么吗？”不料二姨充当了翻译对来人说：“他在说感谢共产党！感谢毛主席！”比雷尔不懂中文，二姨一面说着，他一面笑着点头，而那人听后紧握着比雷尔的手，连声说："谢谢！谢谢！”我趁机向他说："我们要在上海住一阵，想请二姨一起出去玩玩……”还没有等我问是否允许，他就抢先答："当然，当然可以。”

由二姨家走到火车站停车场的路上，夜深沉地笼罩着我们，蒙蒙细雨中，她紧抓住我的手，自语似的说："其实活着比死难多了，我活下去的唯一理由是因为恨，我太恨了，我要活下去等着亲眼看见这个世界究竟还能坏成怎么个样子！”我想不出任何话来劝慰她，只是问："你还想到哪里去玩玩吗？”她脸上绽开了一个孩童才有的笑容说："动物园。”完全在我的意料之外，究竟她已经是过了半百的人了。大概她看出了我疑惑的神情，解释说："你知道吗？这里没有人把我当人看待，没人敢和我讲话，我发现世界上只有动物才不欺侮我，不给我白眼看，所以只要有机会，那是我唯一愿意去的地方，在那里我才觉得这个世界还是公平的。”她说得那样的平淡、自然，说完后似乎陷入沉思之中，微低着头。我感到心抽紧了、浑身发麻，赶紧钻入汽车里。上车后看她孤寂的身子站在路旁，四周一片漆黑。她在等车开，也似乎在等明天，可是眼前的明天又是怎样呢？她又要回去过……

我无法继续往下想，脑中一片空白。在回到旅馆的路上，我软瘫在汽车的后座上，就像两个星期之后飞回到瑞典一样，我软瘫在床上。归前的激动、期盼、欣喜，取代的是归后的颓唐、倦乏、忧伤。在以后整整一个月中，我混混沌沌地躺在床上，脑中呆滞，书也看不进，连日常家务也完全无法操作，比雷尔敏感地以为我患了不治之症，非要我去医院彻底做身体检查，结果和我猜测的一样，没有病痛，只是自己一种莫名的压抑和悲恸所造成的精神麻痹。就在这样的情况下迎接了一九七九

1979年，江青（左）与参加“中国舞蹈教育考察团”的许淑瑛老师同在林肯中心艺术图书馆的演讲台上作示范演出。

年的到来。

新年之后必须要飞回纽约，面对舞团里积压下来的演出、教学、行政各方面迫在眉睫的实际工作。现实生活似乎不准许我“无病呻吟”，繁忙的工作使自己低落的情绪稍微好转了一些。

春天时，收到舞院（北京舞蹈学校已改为学院）陈锦清院长的一封信。她知道我曾回国，但由于三姨父在上海病故，我们的行程临时变更，打消了去北京的计划。来信的主要内容是：要我搭“桥”，实现“中国舞蹈教育考察团”访美计划。中国的舞蹈事业和母校勾起了我满腔热情，先和比雷尔协商，取消我们一年一度夏天度假的计划，好省下钱来资助部分经费。然后在全力以赴奔走数周后，纽约亚洲基金会同意赞助短缺的部分。于是国际芭蕾舞比赛组织与美国舞蹈节联合向中国发出了正式邀请函。

由八人组成的舞蹈考察团成员，都是我熟识的母校的老师和原来同校的学长。他们在美国将近一个月的时间里，我又重新了解和接触到与中国舞蹈有关的事，除了再见师长的那份喜悦和激动，更多的是激起了我对中国舞蹈的热情和关注。与他们相处的一个月中，一起观摩、交

江青在国内教学。

流、促膝谈心，像抽丝剥茧那样，不知不觉中从他们身上我隐约见到了自己在心灵深处所潜伏的一种需求，既是属于人本身的也是属于艺术上所追寻的归宿感。

一九七九年初秋，我收到中国文化部邀请我回国演出、讲学的信。万里以外的呼唤声传来，使我忘却了一九七八年归去的痛楚，一下子又失去了所有的抵抗力，一九八〇年春天再次踏上归途。我只能自嘲地向朋友打比喻作解释：这个情形大概就像《西游记》中所写的孙悟空，虽然他一个筋斗能翻出十万八千里，但无论如何也翻不出如来佛的掌心，大概我也只好就此认命了吧。

自从一九八〇年第二次归去，直到一九八九年……每年都身不由己，因为不同的理由和计划到中国去一两次，这似乎已成了我生活当中一个固定而又是极其重要的一项活动。

一回到中国就感到自己有用不完的精力，在国外的那些怪里怪气的病痛——失眠、神经紧张导致的胃疼、敏感、水土不服等等全都一扫而空，无药自愈。自己也觉得奇怪，在国外的老朋友们谈起时，有人笑说那是外国“富贵病”。我想归根结底说来，人回到了生长的地方，也就像

1980 年，江青在北京参加由中国舞协主办的座谈会。围桌座谈者：游惠海（左一）、贾作光（左二）、孙光言（左五）、江青（右二）、陈锦清（右一）。

江青与许文绮、崔天江、满苏荣、林苹等人在舞协举办的现代舞班讲座后合影。

回到了自然，好像没有什么理由可以解释的。也许这就是应了中国人老生常谈的“人要叶落归根”。……之前，在我和比雷尔谈到人的生、老、病、死问题时，也不止一次地谈到过自己将来叶落归根的想法和打算。

就这样我三次……五次……八次地回“家”，回“家”后总是连跑带奔、精神十足，而每次回到纽约或瑞典的家里，仍然一样要休息好长一阵，才能使工作、生活再进入常态。那不是一种长途旅行后疲累的感觉，而是觉得精神恍惚、心灰意冷，最糟糕的是集中不了思想做任何事情。我以为自己太情绪化了，才导致如此，但将此现象和一些中国朋友谈起时，大家都有同感，只是程度不同而已。可是谁也说不出个究竟来，谈到最后，老是大气嘘小气叹的。我常常在想：是真说不出究竟来吗？我想是我知道、他知道、你知道，我们大家都知道的，一种难以用言词表达的那种深沉的忧虑和痛楚。

我的那圈中国朋友们，一有机会碰在一起就是“中国”，讲来讲去话题永远在那两个字上绕。聚会时还常常听到，对中国目前的现状和社会上一般人的心态，有成箩筐的牢骚，然后赌咒发誓“再也不回中国了，如果我回去就是×××”。我也不止一次地赌过同样的咒，发过同样的誓，但哪里有可能呢？我已经像吸鸦片烟一样上了瘾，无心戒也无意戒。遥远的那里，只要一个电话、一封电报，我就可以把一切甩了撒腿就跑。实在是想要做的、应当做的、需要做的事情太多了，这些年来跑遍了中国的大江南北，就像我儿时学过的那首歌：

……

越过高山、越过平原，

跨过奔腾的黄河、长江，

朋友们一有机会聚在一起就是谈中国。七十年代，（左起）彭万墀、江青、萧勤、蔡文颖在巴黎相聚。

宽广美丽的土地，

是我亲爱的家乡……

越跑越上瘾，越上瘾就越想跑，好像永远跑不累，在那里跑的时间也越来越长了。到底是自己的“家”，不管是好、是歹、是富、是贫、是贵、是贱，“家”就是“家”。中国人的那句口头禅比喻得最生动：“儿不嫌母丑，狗不嫌家贫。”

一次又一次归去的经验，使我逐渐能理性地控制自己的情绪，并开始懂得把自己抽离环境，在一定的距离下再去感受和发现中国的事、中国的人、中国的舞。因此每一次归去都会得到新的经验，也会受到新的启发，其中《恒》的创作就是这样引发出来的。

虽然《恒》是一九八八年为香港演艺学院首届毕业生演出编排的，但归根结底算来，创作应当从寒冬腊月我在中国的出生开始。

我在中国土生土长，开始生根发芽时却必须要移植到一个不属于自己的环境中发育成长。由于人生境遇的变迁，我似乎迁移得越来越远了，大概和年龄的增长也有关系，越去越远也就越牵挂。中国对我在意识上用“远在天边，近在眼前”来形容是再恰当不过的了。

平日喜欢零星地随手记下一些感思，日后可以作为自己舞蹈创作上的提示。那几年的中国之旅，给我最深感触的，莫过于普通老百姓性格中那些过于古老深沉——以不变应万变，为了生存，逆来顺受，而又过于“聪明”——永远在忍耐和等待中去熬过黑夜、灾难。中国的平民百姓由于长期的被压抑、欺骗、控制，表面上似乎磨蚀了意志和个性上的棱角，但由于对属于自己的那块厚土深厚的爱，人们节气尚存。这一系列的感受，使我写下了这几段，现摘录部分：“梅花开放在严冬，只有

1978 年江青第一次返回中国大陆，之后的一些年为教学演出和采风，跑遍了中国的大江南北。上左：广西漓江边。上右：云南泸沽湖畔。下左：壶口瀑布。下右：北京北海公园。

在凌厉的冰天雪地衬托之下，才能愈发见到它的傲然之姿；也只有在苍茫的冬日，梅花在干枯的枝头上的一点微红，才能显现出它的韵胜格高。”“雪与梅是相对峙的吗？不！没有漫天大雪的弥盖，开不出娇艳的梅花。”“竹是平凡的，它不像奇花异草，它的美不被人注意，因为实在太普遍了，它的存在也往往被人忽视。它不卑不亢地站着，无风时它不声不响；风来时，它就像早晨起身那样伸个懒腰；当暴风推着它弯下时，它不折断，等风刚过了之后，又马上挺立了起来。”

此外，我还留下了一张照片，是一九八二年在中国旅行时拍的，和笔记存放在一起。这是张头戴草帽的农人的背影照片，衬景是群山。拍照的经过是这样的：那次在乡间的一座高山上游览，我走累了，喝水休息时见一老农蹲在山边良久不动，眼睛像是投入无穷远的空间。我不知道他在看什么，能看这么久，我好奇地走过去朝他望的方向看去，眼前是无尽的峰峦，秀拔的山峰和深绿的山谷，在我耳边只有呼啸的风声，我被山色吸引站立了片刻就离去了。等我在山中绕了一圈，原路折回时，远远望去老农仍在那里，同样的姿态纹丝不动地蹲着，映着夕阳，他灰蓝的衣裤和矮小的身影，像一块青石在群山之中。一种异常的感动，使我拿出了相机按下了快门，相机的“咔嚓”声打破了静寂，老农蓦地回头望着我，我歉然地笑了，问他：“老乡，您在看啥？”他似乎感到我问得有点莫名其妙，答：“看啥？我什么都不看，这是我的家，我每天干完活儿，都要到这里来歇歇。”“您住在山里多久了？”“噢！祖祖辈辈的，我也闹不清有多少代了，你看，”顺着他手指的方向望去，远处的山谷里松林的后面，隐隐约约的有炊烟冒出来，我并没有看到房子，只听他继续说：“我在那里生的，这就是我的家，这就是我的山。”说完他就又回到了先前的姿态。暮色笼罩着群山，风在耳边吹过，我不知道他在想什么，那样恬静自得。也许他什么都不在想，这是他的家、他的山，他有归宿感，人生还能有更多的需求吗？太阳下山后我往回走，走远后仍然禁不住再回头望一下那山边的老农，他依然如故地蹲在那里，脚下像是生了根似的，深深插入泥土中，仿佛要永远这样待下去。

这张照片，那些片纸只句，都为《恒》的创作提供了构思。作品完成后，五段舞章的标题是："寒"、"雪梅"、"竹节"、"松与石"和"岁寒三友"。

全舞结尾时，舞台上出现的画面是：松、竹、梅于岁寒之际结为盟友，无惧无恐地屹立在雪虐冰封之中。这种景象似乎给了一直在舞台上沉思默想的"人"勇气，"人"脱掉了厚厚的冬衣，顶着风雪向前走去。当"人"经过岁寒三友的面前时，略微停顿了片刻，像是行了个注目礼，然后又继续迎着光向前走去。

幕闭。

尾声

由写作的木屋的窗口向外望去
（比雷尔摄影）

还是套用剧场的术语，正剧结束后如需添枝加叶称“尾声”，而这个“尾声”和“序幕”之间相隔了整整二十二年。简体字版本的“难产”是由于人为的原因，承蒙广西师范大学出版社不怕疼痛艰辛，催生后总于有了现在的“顺产”。不久前重读往时写的这本书，心里挺别扭的，就像前年在纽约“林肯中心”举办“中华百年电影展”，放映四十五年前的《西施》，邀请我作嘉宾时的感觉相像：一切都太遥远了，片中的细节我已不复记忆，再看银幕上的自己，为当年的幼稚演技有些尴尬、难为情。

与编辑商量，该用目前的我来看“往事”呢？还是保留住“往时”的视角？时差对“往思”也会很不一样。九十年代初期仍充满了激情的我，现在相对地冷静了下来；对人、对事的观察和看法，与二十年前也不尽相同。感谢编辑的忠告，决定以年轻面目示人，感情要真切坦诚得多了，现在再写是无论如何也写不出来的。

校稿时发现：当年初试“舞文”，如外行初习舞、练踢腿那么累赘，写得啰里啰嗦，自己看着都嫌闷气。此书尽可能地在保全了原面目之下作了稍许文字删修。我操作电脑的水平用上海话讲——“勿灵光”，又需要麻烦耐心又内行的编辑先生多花时间多费心。在此多谢！

“江青舞蹈创作年表”，思前想后也决定仍然列至一九九一年止，不延续至今的原因有二：

一，既然书是那时写的，创作年表上也列至那一年止，与情与理合矣。

二，一九九一年后，我的创作生活有了很多变化，走上了多元化的道路，编舞之外，编剧、导演、写作，另加舞台设计，把这些也一并列在创作年表中，而文章中从未提及过这部分的创作历程，和文章搭配不上也显得唐突。

慨叹世事多变，原书中刊载的许多照片和资料已散失，相关电影的部分，几年前捐给了“台湾电影资料馆”；舞蹈部分捐给了“纽约林肯中心表演艺术图书馆”；私人照片有些物归原主，有些因为我几年前丧偶，之后整理、搬迁，丢失得不知去向。现在又要尽可能地找回它们或设法填补，工程着实不小。感谢台湾电影资料馆薛惠玲女士，百忙之中替我录制图片资料；也感谢四周的亲朋好友帮忙查名字、找照片、拍图像。当然是由于我没有想到简体字版会面世，才没有留意保存好。谢谢出版社给了此书“意想不到”的机会。

“序幕”中我写：文字大部分在瑞典海边的木屋写的，现在文字的删修和“尾声”也全是在同地点完成。照片“由写作的木屋的窗口向外望去”，是比雷尔多年前拍的，现在望去，景色不再依旧：先前的树都长高长大了，满眼郁郁葱葱，但不修不砍会遮挡了视线；有些树也老得显得苍枯，但仍然无论是到春、到夏、到秋、到冬，又到春、到……顶着雪打风吹、露降日照，朝着辽阔的大海静静地挺立在那里，观日落又日升，聆听着大自然的呼吸。

今年妈妈九十岁，她是最乐意见到此书简体字版的出版，和二十二年前一样，此书献给我的姆妈！

江青

写于瑞典猞猁岛

图书在版编目（CIP）数据

江青的往事往时往思 / 江青著
—桂林：广西师范大学出版社，2013.4

ISBN 978-7-5495-3572-9

Ⅰ.①江… Ⅱ.①江… Ⅲ.①江青－回忆录
Ⅳ.① K825.76

中国版本图书馆 CIP 数据核字（2013）第 064617 号

广西师范大学出版社出版发行

桂林市中华路22号　邮政编码：541001
网址：www.bbtpress.com

出 版 人：何林夏

全国新华书店经销

发行热线：010-64284815

山东人民印刷厂泰安厂印刷

开本：960mm×1340mm　1/16

印张：21.5　字数：171千字　图片：241幅

2013年4月第1版　2013年4月第1次印刷

印数：1~10 000

定价：42.00元